U0815001

图解服务的细节
034

「なぜか売れる」の公式

别人家的店
为什么卖得好

[日] 理央周 著
刘波 译

人民东方出版传媒
People's Oriental Publishing & Media
東方出版社
The Oriental Press

前言

一家随处可见的烤串店

某条街上新开了一家烤串店。店老板以前在一家中型商社从事服装销售。

开店伊始，前来光顾的顾客络绎不绝，但好景不长，不久这家店的生意一落千丈，账面赤字，经营持续亏损。

离这家店不远的地方还有一家日式居酒屋，店老板早年在法式休闲餐厅当过主厨。这家店以时尚前卫的店面设计和耳目一新的菜单积攒了不少人气。

看到同行的生意火爆，烤串店老板不

由动了心思："看来开餐馆必须从女顾客身上做文章。"于是把自家店铺重新装修，改建成了咖啡馆风格，还在菜单里增加了一些流行的甜品。

店面重装开业，女性顾客和年轻情侣果然多了起来。但短短几周后，这家店的上座率再次惨淡，店铺经营濒临绝境。

最终，这家烤串店被迫关门大吉。

一家普普通通的 CD 店

某地有一家老牌音乐 CD 店，该店专卖传统演歌[①]和歌谣类 CD。与早年生意好的时候相比，现在光顾这家店的顾客明显减少了。

于是，认为自己年事已高的店老板开始考虑关店。这时，在一家中型食品厂做销售的次子主动向父亲提出接管

---

① 演歌即日本的经典老歌，是综合江户时代日本民俗艺人的唱腔风格，融入日本各地民族情调的歌曲。是日本古典艺术与现代流行音乐的过渡、以民俗民风、感情琐事为颂词的歌曲。

店里的生意。

与此同时，附近一家自行车专卖店开始在SNS社交网站上发布新品展销信息，与顾客之间展开积极互动，销售量节节攀升。

见此情景，CD店老板的次子也试着在SNS和企业博客上发布自家店铺的新品资讯，希望以此加强与顾客之间的沟通。但事与愿违，他的努力收效甚微，不但来店的顾客人数不见增长，还因为运营费用增加导致店铺运营进一步恶化。

更有甚者，对商品进货找不到感觉的次子还央求父亲在“自己熟悉业务”之前暂时出面代管商品配销。

上面两个故事揭示了一个深刻的道理："销售"并不是一件容易的事。为销售而销售，结果会适得其反。

上述两个失败案例，仅仅是命运不公的结果吗？

我不这么认为。

那么，问题出在哪里？怎样避免失败呢？

※ 以上内容是结合实际案例，以虚拟手法重构的故事，故事一的结果参见第 1 章，故事二的结果参见第 3 章。

为什么产品"A"畅销，

而产品"B"却滞销？

如何打造畅销产品，

怎样成为人气旺铺？

序 / 销售只需要抓住三点

销售的必要性

“销售”是一切商业活动的基础，这与行业、企业或个人没有任何关系。

无论产品还是服务，一切商业活动的本质都以顾客的选择、购买和支付为前提。所以，作为商人必须把精力重点放在“销售”上。

当然，为了让顾客选择自己的商品，为顾客提供有价值的商品是基础，更是一切商业活动的前提。

但是，即使一家企业拥有优质的商品，也未必能赢得顾客。这既是商业活动的难点，也是乐趣之所在。

如果顾客之前从未听说过这种商品，或者根本不了解这种商品的价值，当然不会选择购买你们的商品。此外，即使顾客了解这种商品，如果这种商品没有打动他们的亮点，他们也不会掏腰包。

因此，尽管很多企业和销售人员使尽浑身解数“销售”，却由于不讲方式方法，总是收效甚微。

结果，大家都在感叹：“还是得好好学习市场营销啊！”

一个无法用日语回答的纠结问题

如果有人问你下面的问题，你会怎么回答？

请用一句话概括市场营销

“sales”指“销售”，“accounting”指“会计”，“finance”指“财务”，大多数营销术语都有明确对应的日语解释。但“市场营销”却是个例外。

我曾经不止一次在研讨会上向第一次听讲座的人询问关于市场学的概念。

“不知道。大概指市场调查吧？”

“好像和广告或文案有关？”

这些是最常见的回答。当然，不能说这些人回答得不对，但也不能说是正确的。

没错！有一个专业术语叫“市场调查”，作为市场营销的基础流程，有时需要对市场进行调查。当然，在市场调查的过程中，有时也会运用广告进行宣传。

但是，无论是市场调查还是广告宣传，它们都仅仅是市场营销构成中的一小部分。

例如：决定商品和服务的价格是市场营销的一个方面。为吸引新顾客推出的促销活动也可以归入市场营销的范畴。

如果按照这条思路进一步思考，那么，市场营销涵盖的范围不仅广泛，也不好作出准确的界定。

因为不确定，所以才让市场营销这个词更加晦涩难懂。

因此，尽管人们都能理解“市场营销对推销商品的重要性”，但在实际中具体怎样实施却几乎没几个人知道了。

不是“销售”商品，而是使其“畅销”

下面是对这个问题的回答。当有人在研讨会或课堂上问我能不能用一句话概括市场营销一词时，一般我会这样解释：

所谓市场营销，就是“构建能自然畅销的体制”。

被誉为“市场营销第一人”的现代管理之父彼得·德鲁克（Peter Drucker）是我最崇拜的名人之一。德鲁克认为：企业唯一的使命是创造顾客，即让消费者主动成为企业的顾客。那么，企业如何才能实现这个目标呢？答案是市场营销和创新。

进一步分析，市场营销的最高境界是什么？答案是“去直销化”。换句话讲，就是取消直接销售，省去直接的面对面的营销活动。

为了避免引起误解，这里再补充一句：笔者的本意不是建议企业撤掉销售部，更不是建议销售部裁减员工。而是建议企业构建一种更高效的，不进行任何外部营销活动，消费者也愿意自行选购你们企业商品的营销体系。

也就是说，以诱发消费者在自发需求的基础上产生购买欲求为目的生产商品、进行市场调查、确定商品价格、制订广告策划方案……所有这些活动都可以被称之为市场营销。

如果企业忽视上述活动的重要性，盲目地投入商业运作，获得胜算的可能性将很小。

所以，我的解释是，市场营销就是“构建能自然畅销的体制”。

“畅销公式”只需三步

现在，我们搞清了市场营销是什么。接下来让我们一起走进书店，挑选一些书籍“学习市场营销”。

随便拿起一本书翻开：什么市场营销原理、市场营销平台、市场营销组合（Marketing Mix）4P 理论……各种理论知识和专业术语铺天盖地，看到这里，估计大家读不上几页，就头晕脑胀，再也读不下去了。

其实，我们完全可以换一个思路。简单地讲，构建“畅销公式”只需要三步。

①商品　②对象　③渠道

请按以上三点的顺序思考怎样吸引顾客购买。可以说这就是市场营销活动的全部。实际上，大企业也在做同样的事。

怎样吸引顾客购买本企业的商品和服务？第一，为顾客提供有价值的商品。这被称为**产品（商品）战略**。

第二，具体思考这款商品会打动哪种类型的消费者？这是**目标战略**。

第三，探讨怎样吸引顾客购买这款商品。这被称为**营销战略**。

简单地讲，这三个战略可以用“①商品；②对象；③渠道”来概括。

之所以给每个战略标注编号，是因为背后有更深层的意义。这里的要点是按编号的先后顺序思考。

也就是说，首先需要考虑的问题是“商品”，其次是“对象”，最后才是“渠道”。

“跟风式销售”的结果是做无用功

我做讲师和为顾客提供咨询服务的过程中，经常被问到下面的问题：

“现在流行 Facebook，我们也想试试……”

“现在 Line① 应用引领潮流，我们是不是也应该使用？”

这种顾客有一个共同点：在思考为顾客提供什么样的商品，即思考“面向什么顾客？提供什么商品？”之前，反而把 Facebook 或 Line 等“渠道”问题摆在首位。

一家企业，如果没有搞清楚“商品、对象”就急着考虑“渠道”，假设购买商品的目标顾客不用 Facebook 或 Line，上述做法就失去了应有的意义。

关于“渠道”，除了公共社交平台，还可以选择电视、广播 CM、杂志广告、报纸夹页广告、展销活动、赠送试用装……总之，可选择的途径很多。

所以，只有先深入了解企业推出的商品特性和潜在购买顾客的特征，再选择适合自己的营销方式。

“因为大家都在用……”“因为流行……”如果抱着这种想法盲目地利用各种新媒体或营销宣传策略，投入的金钱和时间十有八九会打水漂。

所以，严格遵循“①商品；②对象；③渠道”的先后顺序进行决策非常重要。

---

① Line，由韩国互联网集团 NHN 的日本子公司 NHN Japan 推出的一款起步较晚的通信应用，2011 年 6 月正式推向市场，但全球注册用户超过 4 亿。Line 对用户吸引力最大的即“聊天表情贴图”。超过 250 种的表情贴图让用户在使用 Line 时多了一个有趣的心情传达工具。

“后置理论”的优点

我在围绕市场营销原理进行讲解时，经常听到一些质疑的声音。内容大致如下：

“您谈了一大堆晦涩难懂的专业术语。说白了，不都是根据成功案例总结的‘后置理论’吗？”

“您列举了大量成功的营销案例，但是，这些案例在实践中真的管用吗？”

面对这些质疑，我是怎么想的呢？“你说得对！”正是如此。

那么，即便如此，就可以说市场营销没什么用吗？当然不是。

多数市场营销理论来源于现实，是对大量成功运作的商业案例和失败案例进行研究后形成理论体系的产物。当然，用这些理论指导实践并取得成功的企业和个人不在少数。

另一方面，更多的是一些没有专业理论和知识作为支撑，仅凭个人努力探索适合自己的经营模式并取得成功的务实者。

但是，这些务实者对成功案例的认识通常只停留在表面，他们很难用体系化的表述清晰地指出案例背后的理论成因，这就是所谓的“隐性知识”。

相反，作为市场营销学专家，我们通过对成功案例的系统化、理论化总结，使之上升到市场营销理论和框架层面。这就是“显性知识”。

当然，模仿别人的成功模式不一定成功，因为随着时代的变迁、场所的变更、顾客群体的变化，“营销模式”也需要变革。这与我们在学校学的某些知识在社会上没有用武之地是同样的道理。采用“本本主义”来解决问题是行不通的。

但是，成功的实务家们深谙其中的道理，这就是与不懂理论、如盲人摸象般摸索相比，掌握方法，结合自身实际，不断探索、学习和思考，成功的概率会大大增加。

MBA 基础其实并不难

我曾经在美国一所大学的商务管理学院学习市场营销课程，重点放在理论框架的应用研究上。

但是，理论学习并不是前提（准备），而是学校课堂教学的本质。老师更注重鼓励我们这些学生对各种实际案例进行独立思考，探索成功案例背后的规律。

因此，本书除了介绍一些大企业的成功案例，在给顾客讲解成功案例时，我更倾向于用简单易懂的方式向顾客分析成功案例背后的原因，通过分析，启发和引导顾客结合自身实际选择适合自己的经营模式。

相反，失败案例的背后必然有导致失败的原因，所以，我还会同时选取几个失败案例进行对比分析。

学习理论框架的重要性毋庸置疑。但是，对实干家们来说，与其死记硬背深奥抽象、不好操作的理论，他们更愿意学习简单实用的东西，亲身体验，“在操作中探索，在实践中感悟”。

因此，本书尽量采用简单易懂的方法进行讲解。

“话虽这么说，我既不搞业务，也不跑市场，市场营销和我有什么关系？”

请别说得这么斩钉截铁。

正如我在本书开头时说的那样，“销售”是一切商业活动的前提。企业要想让自己的商品卖出去，怎样配置人员、物资、资产、信息等经营资源是关键。无论业务部、财务部还是行政部，企业各部门之间都应该了解市场营销方面的基础知识。

当你摆正心态，翻开这本书，就能从中学到基于市场营销视角分析处理问题的方式方法。如果这本书能引导读者朋友们走进市场营销的世界，笔者将深感欣慰！

第1章

向顾客推荐“天妇罗乌冬面”

——选择“商品”

乌冬面馆失败的“建议式推销”

在正式开始市场营销活动前，由于需要按①商品；②对象；③渠道的先后顺序思考，所以，①商品，理所当然地成为一切活动的起点和出发点。

其次，所谓“商品”，究竟是“顾客真正需要的东西”，还是“超出顾客预期的东西”，这个问题需要我们认真思考。

大多数经营不善的企业或店铺的问题在于它们为顾客提供的商品和服务价值低、没有搞清楚顾客的需求。另外，对于引发问题根源的“商品”没有进行深入调查，一门心思扑在开拓新顾客、新业务和营销模式上，这种做法只会使问题越来越大。

本书在前言中介绍过一家烤串店。这家烤串店为了吸引女性顾客，把店面装修成了咖啡屋风格，结果还是关门大吉。你知道这家店为什么失败吗？

答案是作为一家烤串店，为顾客提供的烤串味道不好。

烤串味道不好，顾客当然不会光顾。

另一方面，如果从顾客的立场出发考虑：一家企业，只生产和提供好的商品还不够。

首先，从“商品”出发思考

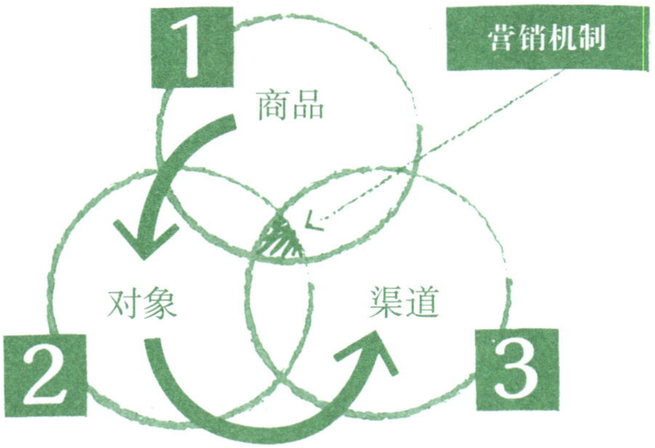

这是一个物质商品和信息过剩的时代。面对市场上琳琅满目的商品，终端消费者往往面临如何选择的难题。

所以，企业必须搞清楚自己想为顾客提供什么样的商品？

提供的商品价值是否符合顾客的预期，并将这些信息传递给顾客。这一点非常重要。

首先，让我们一起做一段“头脑体操”。举个例子，你准备去一家乌冬面馆吃饭。

这家店的墙上贴着一张菜单价目表，价目表上以同样大小的字体罗列着十几款不同特色的主食面的菜单条目，有油炸豆腐乌冬面、月见乌冬面、咖喱乌冬面、沙锅乌冬面、冷狸乌冬面，等等。

你觉得这家店怎么样？

当然，从菜品种类“大而全”这一点上讲无可挑剔。放眼街头路边的一排排居酒屋，以菜单品种多样作为招揽顾客“卖点”的餐馆不在少数。

但是，据研究人员调查发现人们在决策及选择时，当有7个或以上选项时，反而会难以选择。

如果提供饮食服务的乌冬面馆设计的菜单仅仅是菜名和价格的罗列，缺乏重点和主次，顾客就会因为思维混乱，无法做出选择。

“我该吃什么呢？”

所以，餐馆的菜单设计要尽量简洁，使主菜单条目清晰，突出本店的招牌菜、特色菜、最受欢迎的菜，让这些菜式更抢眼，同时积极地向来店用餐的客人推荐：“我们店的招牌美食是天妇罗乌冬面。这款美食曾经被多家美食杂志报道过，建议您尝一尝！”

这样一来，顾客的视线会很自然地聚焦在天妇罗乌冬面上，这款面的点餐率也会随之增加。

此外，即使那些来店之前计划点其他菜，比如“火锅面”的客人也会因为服务员的推荐，产生“这家店的招牌美食？下次来的话不如尝一尝”等想法，从而吸引顾客再次来店。

为什么选择在○○店用餐？为什么选择在○○店购物？让消费者自己想明白个中理由非常重要。

顾客为什么去○○餐馆用餐？除了商品本身，还有诸如离车站近、用餐氛围舒适、服务热情周到等很多因素。

但是，最重要的因素还是卖方能够信心满满地推荐的、胜过其他竞争对手的特色商品。当然，美味可口、让顾客吃着放心……这些都是市场胜出的大前提。

作为商家，只有搞清楚什么是决定消费者最终购买的决定性因素，才能最终让顾客主动选择自己。

顾客买的是“价值”，而不是“功能”

接下来，让我们进一步对“商品”的本质进行深入剖析。

商品和服务由“功能”和“价值”两部分组成。所谓功能，换句话讲，就是性能、属性，是商品本身固有的特性和作用。

另一方面，所谓价值，是指顾客得到这种商品时的满足感以及舒适度体验，进一步讲是使用后获得的功效等表面看不见的性质。这种性质可以从愉快、舒适、实用等方面考虑。

以智能手机为例，如果从功能和价值来衡量一部智能手机，那么，“长 12 厘米，宽 6 厘米，厚 8 毫米”等说明书上的参数就是这部手机的功能。

反之，“手掌大小”“轻松易携带，能放进口袋”等就是这部手机的价值。

接下来要讲的问题很关键。**顾客选择商品时，首先关**

注的往往不是商品的功能，而是商品的价值。也就是说，与商品和服务的功能相比，企业应该把重点放在顾客使用的价值上。

说白了，对顾客来说，功能怎样无所谓，关键是舒适度体验。如果觉得不值，顾客就不会掏钱购买。

而且，商品的价值不仅仅是从功能获得的直接用途。

举个例子，两家手机生产厂商分别推出了两款智能手机。从手机软硬件配置等功能面比较，A 厂生产的商品更胜一筹。但是，尽管手机功能不如 A 厂，B 厂的商品还是卖得更好。

例如，B 厂生产的智能手机给消费者的印象是“手机外形时尚”“搞创作的人爱用这款机型”……那么，追求品位的消费者就会倾向于选择购买 B 厂生产的智能手机，因为他们在使用过程中发现了 B 厂商品的价值。

所以，在消费者购买、使用、品尝、接触商品的过程中，企业需要为顾客提供能让他们体验和感受到该商品价值的商品和服务。

也就是说，企业必须把说明书或菜单上没有列出来的，某款商品的隐性价值明确地传递给消费者。这是企业在思考为顾客提供什么样的“商品”之前最重要的一步。

遗憾的是，大多数企业在决定推出某款“商品”之前往往带着一种偏见，认为“只要提供高性能的商品，就能吸引顾客”。在错误的基础上开发商品，结果注定失败。

就在不久前，日本制造以享誉全球的超性价比商品再次闯荡国际市场引发热议，即所谓的“加拉帕戈斯化现象”[①]。

---

① 加拉帕戈斯化是日本的商业用语，指在孤立的环境——日本市场下，独自进行“最适化”，而丧失和区域外的互换性，面对来自外部适应性和生存能力（低价格）高品种（制品和技术），最终陷入被淘汰的危险，以进化论的加拉帕戈斯群岛生态系作为警语。也称作加拉帕戈斯现象。日本的手机产业是代表例。

另外，如果把前文介绍的智能手机案例套用在乌冬面馆上，那么，对于点订这家餐馆的招牌美食———天妇罗乌冬面的顾客来说，与“营养全面又美味”等主要功效相比,“想尝尝这款在杂志等媒体上引发热议的美食”这一想法自身就被看作一种价值。

近来，一些以“我的意大利美食”“我的法式美食”等价格公道、由顶级料理人精选高端食材制作为卖点吸引顾客的西式餐厅正引发业内外的广泛热议。

上述现象都建立在商家为顾客“提供舌尖上的美食”的基础之上（这个基本原则不能偏离)。随着餐馆的名声慢慢传开，对顾客来说,“我在○○著名的餐厅吃过饭”本身就会成为一种价值。

因此，我们在面向顾客提供商品和服务时，必须具体、清楚地让顾客知道所提供的商品和服务的价值是什么。

铁路公司的任务是运送旅客

这些观点当然不是我个人的看法，而大多来自美国哈佛大学著名的市场营销专家西奥多·莱维特（Theodore Levitt）。

莱维特教授于 1960 年在《哈佛商业评论》上发表了一篇名为营销近视症（Marketing Myopia）的论文。

文中，莱维特教授以铁路为例，指出由于私家车的普及，造成铁路公司陷入经营困境的真正原因应归咎于铁路企业的管理层。因为这些制定长远目标和政策的管理者目光短浅，患了“营销近视症”，他们不能从本质层面理解作为铁路运输企业的工作，即为顾客提供的价值是“运输”这一问题。

莱维特的观点具有划时代的意义，他主张铁路公司不应一味追求向顾客提供铁路服务这一商品，应该把关注点放在运输手段为顾客带来的需求用途上。

综上，本书向大家说明了企业通过商品和服务向顾客提供的是功能和价值两方面。当然，上述两方面并不是完全独立、毫不相干的。简单地讲，从功能层面分析，商品在为顾客提供功能的同时也提供了“价值”。

以乌冬面为例，一份乌冬面里有几克天妇罗？添加了几克盐？商家必须为来店用餐的顾客提供维持人体新陈代谢和生命活动所需的分量，以此作为商品的价值。这时，乌冬面的价值也可以理解为**“功能层面的价值”**。

接下来，我们不可避免地要谈到一些深奥的问题。但是，因为这些内容很重要，所以，请读者朋友静下心听我分析。

另一方面，如前所述，除了“功能层面的价值”，消费者在购买和使用商品和服务后，还会产生舒适度体验，这被称之为**“情绪性价值”**。此外，随着时代的发展和社会的进步，又出现了一种新的关注环境保护的**“社会性价值”**。

最近，著名的市场营销学专家美国市场营销研究学者菲利普·科特勒（Philip Kotler）于2010年在《科特勒市场营销3.0①》一书中提出了一个新观点。

---

① 营销3.0理论，即价值观驱动营销。消费者寻求的是那些具有使命感、愿景规划和价值观的企业，希望企业能够满足自己对社会的、经济和环境等问题的深刻内心需求，这也要求企业角色体现更多的社会责任感和人文关怀，即不但满足顾客在功能和情感上的需求，还要满足在精神方面的需要。

也就是说，同样是“价值”，但由于人们对同一事物观察的角度不同，所以可能得出不同的结论。

所以，在市场营销学专家看来，之前我对“功能”所做的说明包括“功能层面的价值”，如果让读者感觉“混乱”也很正常。

但是，本书的目的是为了让每个读者都能理解并用于实践，所以，笔者在处理时仍继续之前的思路并加以简要说明：把商品的特性（商品卖点）归为“功能”，把用户体验归为“价值”。

宜家卖的不是家具

言归正传。

以宜家家居为例，与商品的功能相比，宜家的营销核心是商品的价值。宜家通过体验式营销让消费者感受商品，继而提升业绩。

宜家家居是来自瑞典的全球最大的家具和家居用品零售商。在日本也具有极高的人气，我对宜家也情有独钟，闲暇时间，经常上网浏览宜家的购物网站或者翻看宜家新推的商品目录。为什么喜欢？因为翻阅宜家的“配套家居”是一种享受。

什么是配套家居？是指在宜家卖场内随处可见的各种不同风格不同主题的样板间，比如“3 居室 68 平方米样板间”“2 居室 54 平方米样板间”等，消费者可以实地体验宜家的商品。

这些样板间里配备的家具和日常物品的每一处细节都以即将入住的主人的家庭成员、职业、兴趣爱好、价值观等为出发点量身打造。

来宜家购物的顾客可以在样板间里触摸家具，还可以坐在样板间的沙发上或躺在床上感受和想象未来真实的生活场景。

日本本土家具商的销售模式是分区块展示，家具展出分为厨房、起居室、储藏室等展区。这种销售模式在日本本土家具行业非常普遍，家具店认为自己做的是家具生意而再无其他，所以，卖的当然只能是“家具”。

与此相对，宜家家居卖的不仅是家具和日常用品，他们还允许顾客在样板间实地体验。也就是说，宜家同时为消费者提供了“放松身心的空间”“舒适的生活”，再进一步讲，宜家卖的是“生活方式”。

总而言之，宜家卖的不是商品的“功能”，而是用户体验和满足感等“价值”。

价格不是制胜的唯一因素

首先，企业需要重新审视自己能为消费者提供什么样的价值？所提供的商品和服务的价值是什么？在此基础上进一步提升和精炼这种价值。

那么，怎样找到上述一系列问题的答案？怎样具体实施呢？这就需要我们认真思考。

举个例子，某街有一家咖喱店，店老板一直在苦苦思索怎样在同行的众多店铺中找到本店独一无二的价值。

这时，最重要的是思考“怎样让来本店用餐的顾客满意？”

如果这家店希望成为一家吸引真正的咖喱美食爱好者的人气咖喱店，可以试着从咖喱的制作工艺（比如加入各种香料和蔬菜）等环节入手。为了让顾客吃得满意，还可以考虑把每月的某一天设为特殊咖喱日，活动当天来店就能品尝到鱼翅咖喱、猪肉咖喱等其他地方吃不到的特色咖喱饭。

如果这家店奉行“让每一位顾客尽情享受舌尖上的美食”的经营理念，建议从雇用开朗活泼的员工，或者在店内播放轻松欢快的背景音乐（如桑巴舞曲）等方式入手进行调整。

总之，认清自己的“优势”，并努力提升自己的“优势”，直到能够提供令顾客满意的价值为止。

忽视这些问题，你的企业就可能陷入价格战的怪圈。

当顾客面对好几家毫无特色的咖喱店时，如果每家店提供的菜品口味和用餐环境差别不大，那么，与 1000 日元一份的咖喱饭相比，大多数消费者宁可选择去 800 日元一份咖喱饭的餐馆用餐。

如果企业提供的商品价值没有特色，客源就会局限在一些在价值观取向上强调“便宜就行”的消费者类型上，结果不可避免地陷入价格战。所以，独具特色的商品“价值”，即“竞争对手做不到的或无法提供的压倒性优势”很重要。

这个“人无我有的独特优势”对应的市场营销术语是“USP”（Unique Selling Proposition），即独特的卖点。关键点是“独特”。

“USP”是由美国某广告公司文案出身的罗瑟·瑞夫斯（Rosser Reeves）提出的观点，罗瑟在其著作 *USP*

Unique Selling Proposition 一书中对 USP 进行了系统性的阐述。

有些人对“USP”(独特的卖点) 理解错误。这些观点认为：所谓卖点，就是向顾客强调商品独特的优势，即销售亮点。这样理解固然不错。但是，USP 涵盖的范围其实更广，USP 是指将商品特性上升到价值承诺的高度，并强调商品能给消费者提供哪些实际利益。

酒厂卖酒，也卖梯田

随着日本料理入选世界吉尼斯纪录非物质文化遗产，日本酒也搭上了这趟顺风车。但是，日本酒在日本本土的消费情况其实不容乐观。

随着年轻一代远离酒精的意识增强，今后日本酒在日本本土的消费回暖无望。所以，酿酒企业必须调整现有经营思路，基于USP理论为消费者提供商品。

岐阜县有一家名为“千古乃岩酒造”的老字号酒厂。这家酿酒企业始创于明治42年（1909年），距今已有上百年的悠久历史。“千古乃岩酒造”最大的卖点是酿酒原料大米，这家酒厂订购的大米产自被列入《日本梯田百选名录》的最美梯田。这一优势足以让同行竞争对手望洋兴叹。

面对“千古乃岩酒造”的这一独特优势，其他酿酒企业即使从“我们厂生产的酒入口清洌，度数……”“传统工艺，纯酿造米酒”等商品“功能”或其他可模仿的环节入手，也望尘莫及。

但是，如果其他酿酒企业把“我们厂拥有上百年的悠久历史，酿酒原料经过严格筛选，选用《日本梯田百选名录》推荐产地生产的优质大米酿造而成”等酿酒背后的产品故事传递给消费者，让消费者在欣赏美景的同时品鉴美酒，那么，**美酒的醇香与故事的结合必将起到良好的推销效果**。

此外，酿酒企业还可以在销售方式上加以革新。比如，举办酬谢老顾客新酒发布会，在发布会上展销大吟酿、纯米酒、浊酒等各种不同的日本酒组合装，同时搭配赠送酿酒原料——产自梯田的大米。

赠品大米的包装讲究精而少（0.2、0.3 升大米就够了），但这一细节设计足以引出酿酒背后的故事，从而打开消费者的心灵。

近来，酿酒行业刮起一股新的流行风潮。有的酿酒企业宣称自家的“原料与指定产地挂钩，无农药无污染，纯天然无添加”，有的酿酒企业宣称“社长是杜氏（某酿酒集团老总），酿酒工艺采用传统酿造技术精酿……”可见各大酒企纷纷打出了独特的品牌故事。

有无产品故事，是能否建立品牌的关键因素。

蓝海在哪里

说到独特的亮点，今天，就某些市场领域来看，即使企业致力于塑造与其他竞争对手之间的差异性，求得长足发展也不是一件容易的事。

如果潜在竞争对手过多，已知市场的血腥竞争反复上演，企业就需要调整思路，跨越现有竞争边界，寻找新市场，开拓新的价值。

经营策略中有一个蓝海战略（Blue Ocean Strategy）。蓝海战略最早是由法国欧洲工商管理学院（INSEAD，现名为英士国际商学院）教授 W. 钱·金（W. Chan Kim）和勒妮·莫博涅（Renée Mauborgne）在二人合著的《蓝海战略》一书中提出的战略方法论。

《蓝海战略》一书中，作者把多家企业竞争激烈、陷入局限性的血腥价格战的市场喻为“**红海（血腥之海）= red ocean**”。

相反，把竞争较少、尚未开拓的市场领域称为“**蓝**

海=blue ocean”。

蓝海战略认为：在现存的红海中求生存，企业会失去发展的机会。为了争取赢利机会和强劲发展，企业必须运用蓝海战略，寻找新市场、新领域。

对企业来说，与竞争对手展开价格战，消耗自身实力犹如炼狱。所以必须将视线投向蓝海。这时，企业往往选择逃离现存的红海，转向寻找未经开拓的蓝海。

但是，为什么现存市场会变成红海呢？因为存在大量需求。有需求，所以竞争激烈，企业间展开血腥的互搏竞争，血流成河，呈现红色。

当企业把视线投向远方未经开拓的蓝海时，就必须从零开始挖掘需求。当然，未知领域也可能没有需求。

因此，蓝海并没有完全脱离红海，而是需要一半浸泡在红海，另一半向未知领域延伸。而挖掘的需求，也应与之前的需求市场有差异。

并非新生事物的全新娱乐形式

“蓝海战略”中最具代表性的案例是太阳马戏团[①]。

可能有人看过太阳马戏团的表演。这家剧团的表演以传统马戏表演为主，糅合了舞蹈、芭蕾舞剧、流行音乐等多种不同艺术表演风格。

这种崭新的前所未见的娱乐形式至今风靡世界，成为全球最受欢迎的文艺团体之一。

传统马戏表演形式以马、大象、狮子等的动物秀和明星表演的杂技节目为主，主要面向少年儿童消费者群体。

随着时代的发展，现在孩子们的娱乐方式已经开始朝着游戏、动漫、网络等多元化方向发展。传统马戏表演业已经无法减少顾客流失，销售业绩出现下滑成为不争的事实。

---

① 太阳马戏团（CIRQUE DU SOLEIL），是加拿大娱乐演出公司，也是世界上最大的戏剧制作公司。被誉为加拿大的国宝。它是当今世界发展最快、收益最高、最受欢迎的文艺团体。1984 年由盖·拉利伯特、吉列斯·史特·克洛伊克斯等成立于加拿大魁北克省的拜尔·圣·保罗。

此外，马戏表演过程中使用的驯化动物涉及的购买、饲养、运输等环节的成本也居高不下，面临业绩下滑和成本增加的双重考验，传统马戏行业陷入螺旋式下降的两难境地。

对此，太阳马戏团则进行了大胆革新，他们将目光投向周边产业的娱乐元素，将舞蹈、流行音乐、戏剧等综合元素融入传统马戏表演，与此同时以保护动物为出发点放弃动物表演，成功地实现了低成本和特色化运营。

太阳马戏团的门票定价与曲艺表演节目的门票定价维持一致，是传统马戏门票价格的数倍。由于太阳马戏团在娱乐界**开拓出一片新的领域，没有竞争对手，所以实现了自主定价**。此外，太阳马戏团还成功地吸引了众多成人观众，使之前对马戏不感兴趣的新顾客成为自己的新生消费群体。

马戏表演也罢，芭蕾舞表演、曲艺表演也罢，这些都不是新生事物。太阳马戏团的做法很简单，他们将多种艺术形式融为一体，创造出一块崭新的艺术领域。

“草莓大福”的创新

太阳马戏团是世界级的娱乐集团，因此其运作模式当然不可能被一般企业原搬照抄。但是，如果我们换一个角度思考，或许会发现身边就存在大量类似的例子。

例如“草莓大福”[1]。“草莓大福”的做法是把两种现成的食品——“大福”和“草莓”拼配在一起的一款新食品。

我们的住宅区周围有很多出售日式点心“大福”的商铺，这些商铺之间一直在上演激烈的价格拉锯战。想要从这片血腥的红海中脱颖而出，企业必须开辟新的市场。但是，如果盲目地把原来的糕点屋改装成拉面店或饺子馆，成功的概率非但不大，而且拉面店、饺子馆的行业市场本身也是一片红海。

与其如此，更稳妥的办法是在自己身上寻找商机。比

---

① “草莓大福”，是一种日式糕点，可当茶余饭后的甜点。外层是糯米皮，里面的馅料是草莓。

如对本店人气最高的商品“大福”进行创新，与其他商品拼配起来开发一款新商品，这样成功的概率就会大幅增加。

这里想给读者介绍的是澳大利亚经济学家约瑟夫·熊彼特（Joseph Alois Schumpeter）提出的一个观点：通过创新创造新价值。熊彼特另辟蹊径，用一种截然不同的形式对传统经济活动中的各种要素进行了创新，并将之定义为“新组合”。

可以说，熊彼特是活跃于20世纪初叶的第一个提出创新理论的杰出人物。

熊彼特在其著作《经济发展理论》中提出，创新，不是创造新生事物，而是对已存在的、消费者熟悉的原始生产要素进行重新排列组合，使之成为一种新的生产函数，这就是创新。

这里的创新，可以是生产原料、生产方式，也可以是销售模式，其涵盖的范围很广。

但是，在日本，很多人对“创新”一词的理解是“技术革新”，即“全新的技术、革新的商品”。当提到“创新”时，一般人的第一反应是逃避：“创新？我做不到！”其实，这是一种误解。

简单地讲，“新组合”就是锁定“某项事物”，并将之

寻找接近主营领域的蓝海

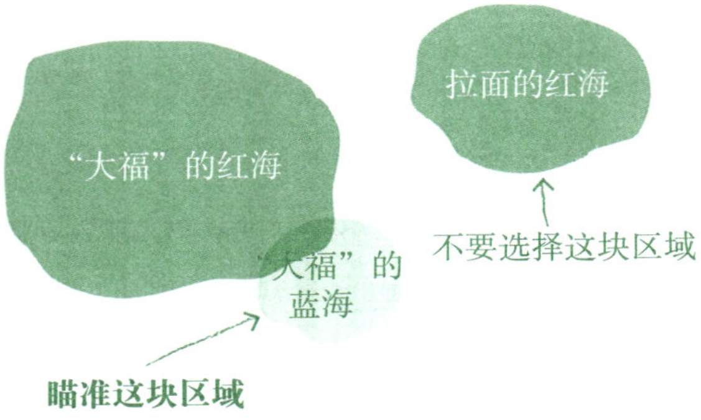

与“原有事物”重新组合，如果按字面意思理解的话，反而与创新的本质更为接近，更好理解一些。

环视我们的周围，只要稍加留意，就会发现我们身边存在大量“新组合”。比如名古屋的“鳗鱼三味饭”就是一款鳗鱼饭和茶泡饭拼配的日式料理。而且，我们自己如果试着去重新组合一些事物，说不定也能想出一些新奇的点子呢。

这个创新的过程有一个窍门。一般来说，**重新排列组合的对象最好是人们熟悉的东西**。如果其中一种很少有人知道，那么，新组合则很可能也会变得不知所云。

举个例子，巴西有一种当地特产水果，叫“巴西莓

（Açai berry）”。据说这种水果的营养价值很高，对身体健康很有好处，现在在日本已经广为人知。

但在现阶段，即便用巴西莓做食材推出一道新奇料理，起名叫“Açai 拉面”，并打着“巴西莓对健康有益”的招牌吸引顾客，看到的人也可能产生“Açai？是一个叫浅井的大厨做的拉面吗”之类的误解（浅井的日文发音是 Asai，与 Açai 发音接近。——译者注）。

“草莓”“大福”“鳗鱼饭”“茶泡饭”……这些都是人们熟知的事物。这样的要素重组是比较稳妥的创新方式。

如上所述，其实只要我们用心观察、认真思考，每个人都能找到属于自己的蓝海。

消费者并不知道自己想要什么

那么，怎样对原有的生产要素进行重新排列组合，创造出新事物和新价值呢？

在思考这个问题之前，首先需要注意一点。

其实消费者并不知道自己需要什么。

iPhone 之父史蒂夫·乔布斯（Steve Jobs）有一句名言："消费者并不知道自己想要什么。"

iPhone 系列是在综合电话、网络和 iPod 三种原有商品功能的基础上诞生的。这种新生事物通过将原有商品进行重新排列组合，向消费者推出一种全新的被命名为"智能手机"的新生代商品。

在 iPhone 未被开发出来之前，我们当然不知道这种商品。但是，随着这款新生代"黑马"正式发售，它很快就变成一种人人都渴望拥有的畅销商品。

乔布斯所做的，就是把消费者没有觉察的潜在需求转化为现实，抢先一步看到这一需求市场的存在并进行商品研发。

在参加我举办的研讨会的企业经营者中，经常有人提到“我们企业准备开发一款新商品，目前正就消费者的需求意向展开问卷调查”。但是，在你的企业计划推出一款新商品或提供一种新服务之前，不要把重心全部放在倾听消费者的心声上。

原因很简单，因为消费者并不知道自己需要什么。

从消费者身上寻找答案无益于催生畅销品

——您希望我们生产哪种商品？

面对这种问卷调查时，受访者只能根据“既存已知的商品”作答。因此，可以说问卷调查对于催生具有划时代意义的创新型商品帮助不大。

当我得出以上结论时，一定有人结合实际情况提出质疑：“但是，确实有企业通过顾客问卷调查成功地提升了销售业绩啊。”

当然，企业对现有商品或服务进行改善或希望进一步提升商品或服务的质量时，可以向消费者征求意见。

市场营销理论把征询消费者意见、商品改良设计定义为**“持续式创新”**，把打破原有商品价值、创造新价值定义为“**破坏式创新**”。

例如，餐饮服务业应尽量避免出现如“○○店的菜肴味道不错，就是卫生状况有点糟糕”、“○○店的服务态度极差”之类的恶评。

另外，对于售出的商品，生产企业必须参考买方提出的例如“机械运转噪声太大”“电池续航能力不足”等意见。

如上所述，企业以“持续创新”打造核心竞争力时，必须通过多渠道了解消费者的需求，解决消费者不满意的地方。

相反，企业以“破坏式创新”打造核心竞争力时，就不能过度依赖消费者的观点。因为从消费者身上找不到企业想要的答案。

当然，那些对其他企业的商品抱着“谁会掏钱买那种东西”之类自命不凡的企业及其商品则不在此列。

但是，至于什么样的商品能够激发消费者的潜在购买欲？或者让消费者心甘情愿掏腰包？则需要研发人员好好开动脑筋，发挥想象力和创造力寻找。

顾客的想法永远是“信口拈来”

话虽如此，在新商品研发阶段，通过问卷调查等途径征求用户意见的企业无论在街边巷口，还是虚拟的网络世界都司空见惯。

大型企业发布新商品或推出新服务时，面临庞大的预算支出，必须采取措施尽量规避风险。

新商品开发过程必然涉及商品的虚拟设计分析、模拟、测评……为了进行前期调研和可行性分析，如果有必要实施问卷调查，那就应该放手去做。

也就是说，**“为了开发新商品而征求消费者意见”和事先“进行前期调研”的思路行不通。**

举个例子，下面的案例可能有些极端。某街有一家寿司店，该店新近推出一项问卷调查，内容是“您希望我们店提供什么样的新菜品?”结果，以年轻女顾客为主的受访者的结论是“烤薄饼”。

如果这家寿司店把上述调查结果视为“顾客期望”，

并急着在本店的寿司菜单上增加“草莓烤薄饼”“巧克力烤薄饼”等新款甜品，就一定能赢得顾客的心吗？

其实，商家最好的方式应该是反其道而行之。比如对调查问卷的问题设置进行以下改动，如“现在烤薄饼最具人气，如果本店在菜单中增加这款甜品，您认为会影响我们的形象吗”……

采用上述**以假设验证为目的的调查问卷设计最为理想**。只要根据结果验证所作的假设是否正确，自然会找到解决的方法。

还有一种观点认为“顾客心声是上帝的声音”。当然，我们不排除一些忠诚顾客从商家角度出发提出一些中肯的意见和建议的可能性。但是，面对商家意见征询时，绝大多数受访者会敷衍了事。

另外，关于面向哪些消费者发起问卷调查的问题，企业必须按照问卷的要求严格选择调查对象。

举个例子，某食品厂计划就一种新推的休闲零食干吃面进行消费者抽样问卷调查。假设受访者中，75 岁以上不吃零食的高龄人群占 15%，调查结果会如何呢？当然结论可能存在较大误差。

造成调查结果产生误差的原因可归纳为以下几种：除了受访者的年龄，还有性别、职业、居住地、价值观、企业与消费者关系以及问题设计等。

所以，实施问卷调查切忌盲目。决定进行问卷调查之前必须综合各种因素慎重进行。

和 500 日元的咖啡相比，为什么 1200 日元的咖啡更好喝

通过不懈努力深受消费者信赖，或者在经营中把握市场动态，推出畅销商品，都能使企业经营实现稳步增长。但是，企业在发展过程中总会遇到瓶颈。比如受实力雄厚的企业抢占使市场竞争趋于恶化，或因外部经济不景气或通货紧缩影响陷入价格战，企业的发展空间发生改变，企业自身也必须做出改变。

但即便如此，也不能放弃企业特有的优势。**一旦偏离自身优势，必然导致顾客流失。**

举个例子，假设某车站附近有一家咖啡馆。这家小店的独特之处是环境幽静，处处散发着昭和时代[①]独有的气息，让来这里喝咖啡的客人流连忘返。我们假设这家店的店名叫“理央咖啡店”。其主打饮品是蓝山咖啡，每杯售

① 昭和是日本天皇裕仁在位期间使用的年号，时间为 1926~1989 年。

价 1200 日元。尽管这家店的咖啡定价偏高，但咖啡的品质和口感均属上乘，前来消费的老顾客很多。

不久前，距离“理央咖啡”不远的地方新开了一家连锁咖啡店。为了抢夺客源，隔壁的 24 小时便利店也推出一种新式滴漏咖啡（drip coffee）。连锁咖啡店的咖啡每杯售价 280 日元，24 小时便利店的咖啡每杯售价 100 日元。“理央咖啡”的生意受到了不小的冲击。

现在，“理央咖啡”怎么做才能吸引客人呢？

降价！这大概是一般人第一个想到的方法。当然，降价这一招最简单也最容易实现，换一张价目表就能搞定。

但是，如果“理央咖啡”降低咖啡豆的品质和把本来售价 1200 日元一杯的咖啡变成 500 日元一杯的咖啡，结果会如何呢？

对经常来这家店喝咖啡的老顾客来说，他们就是冲着“1200 日元一杯的品质和优雅舒适的环境”来的。现在怎么样？如果老顾客感到“以前在这里能喝到 1200 日元一杯的咖啡，现在这家店降低门槛，成了一家 500 日元档次的咖啡店”，情况就危险了。

我的工作也是同样的道理。假设目前我举办的研讨会听课费是 2 万日元/2 小时，其他讲师是 5000 日元/2 小时。为了吸引学员，我把听课费减少到 5000 日元。那么或许有人会想：“理央周教授以前授课的内容值 2 万日元，现在身价和 5000 日元档次的讲师看齐了。”

当然，我的意思并不是说所有价格战都不好。商家只要在操作和进货上下功夫，通过引进创新的手段，控制成本提供质优价廉的商品，就能提升顾客价值。

相反，**一旦陷入价格战，局势对于能够靠大量进货、大规模生产来压低单位商品成本，通过薄利多销使利润更容易得到保证的实力雄厚的大企业来说显然更有利。**因此，理央咖啡的胜算不大。

另外，随着价格调整，消费者对商品价值的判断也会发生变化是不争的事实。这种现象被称为晕轮效应（halo effect）。该理论已经被多项实验证实。

晕轮效应属于心理学范畴，指人类倾向于根据事物的某种特征形成对其价值的判断。比如，一般人总是习惯性地认为毕业于名牌大学的人的人格更完美。尽管人们明知这种看法片面且毫无根据，但仍然愿意相信它是正确的。

再以商品价格为例，例如，同一种葡萄酒，品尝过它的人之间存在意见分歧。有的人认为这种酒品质低劣，有的人却认为这种酒品质上乘。对此，大多数人倾向于认为“价格高的酒比价格低的酒口感好”。

当然，消费者选购商品时，“价格公道”是最重要的选择因素之一。所以，尽管价格战非常残酷，但并不意味着价格高会失去顾客，价格低会赢得顾客，这一点必须理解。

格斗与相扑，不兼容的规则

选择在 24 小时便利店或咖啡连锁店购买咖啡的顾客与在理央咖啡店喝咖啡的顾客的需求方向不同。

前往 24 小时便利店买咖啡的顾客希望买到比罐装咖啡口感更好的咖啡，前往咖啡连锁店购买的顾客则希望享受价格低廉、饮用方便的咖啡。

我喜欢相扑，经常去看相扑比赛。但是，假设相扑界的运动员最高等级“横纲”公开发表以下言论“现在流行格斗技，我们相扑界的规则也要跟着改变”，一定会引发舆论界的骚动。

同一种咖啡，在 24 小时便利店、咖啡连锁店和理央咖啡店之间，好比举办同一场格斗赛事的相扑和 K-1① 之间的差异。

---

① K-1 是国际性站立式格斗赛事品牌，K 是 Kungfu 功夫、Karate 空手道、Kickboxing 踢拳击等项目首字母的简写。这些项目均为一定规则下的搏击项目，1 是第一、顶级之意，合在一起意为顶级搏击大赛。1993 年由日本正道会馆馆长石井和义创办。

如果企业不了解消费者的需求，只简单地把竞争核心放在商品品质和价格上，背离自己本来的优势，结果将非常危险。

从企业的角度分析："理央咖啡"首先必须搞清自己与 24 小时便利店和咖啡连锁店之间有什么不同。

咖啡豆的品质与新鲜程度密切相关，所以，客人点单后需现场研磨。研磨咖啡时不用纸，而用法兰绒滤布过滤，这样制作出来的咖啡虽然价格高昂，但相对地制作工艺也更加细致。这样一来，就能向顾客精准地传递出本店咖啡的优势和特色。

接下来，从顾客角度出发换位思考。**即使你们是一家咖啡专卖店，也不能简单地把自己定义为"只卖咖啡的店"**。你们还需要考虑如"怎样让进店喝咖啡的顾客满意？为此你们需要做些什么？你们店能为顾客提供什么样的价值"等诸多问题。

如果你经营一家高档咖啡厅，建议从店内布局，比如供客人休息的沙发、播放舒缓的古典音乐、摆放娱乐杂志等多角度多方位考虑。

结果，当你搞清楚本店的优势是"为进店喝咖啡的顾客提供正宗的咖啡，播放古典音乐以创造放松、舒适的环境"之后，就能够向顾客传达出这些优势和特色。

消费者选择商品时，通常不会从逻辑角度出发思考。

“很多人都去星巴克喝咖啡，我也去那儿好了”“最近电视上经常播放这款咖啡的广告，我也去便利店买一罐尝尝……”，消费者更倾向于选择那些简洁易懂、容易接受的商品。

所以，顾客为什么去这家店消费？企业需要做的是用简洁易懂、易于接受的方式给出消费者明确的理由。

不要背离自己的优势和宗旨！否则，之前为你捧场叫好的重要顾客也会离你而去。

吹嘘“自己什么都能干”的人其实什么都干不了

变化不仅限于价格上。

例如，为改善企业经营状况，结合近期“流行咖啡豆奶”等外部因素，理央咖啡店决定在菜单中新增一款“咖啡豆奶”。不久，又觉得“星冰乐”“思慕雪”等新品种不错，于是又增加了几种。那么，当理央咖啡变成一家“什么都卖”的咖啡店时，你认为情况会怎样？

不错！过去这家店主打咖啡的优势越来越弱，最后，连顾客自己都忘记为什么选择来本店喝咖啡了。

我从事的工作是为顾客提供市场营销咨询，绝大多数顾客来找我的时候都带着“希望开辟新市场”“希望提升业绩”等需求。

这一点显而易见。

以我为例，假设我在本专业以外又考取了一大堆资格证。比如“税务师资格证，提供税务咨询”“社会保险劳

务师资格证，提供养老金问题咨询”……结果会怎样呢？

对顾客来说，企业财务出了问题会找税务专家咨询，养老金出了问题会找养老金专家咨询。如果我大言不惭地宣称“我什么都能干”，一定会被顾客质疑“这个人的主业市场营销咨询靠谱吗？”

当你宣称自己“什么都能干”时，已经在顾客心中播下“这个人真的什么都能干吗”的怀疑的种子。

在商界生存，**如果企业只顾试水“其他新兴市场”，却忘记了自己的优势，失败的可能性将大大增加。**

一家企业的主营领域称为“事业领域”，企业试水不熟悉的领域取得成功的概率其实很小。

高端品牌的方向是打造副线品牌

那么，下面的情况怎么样呢？

在咖啡连锁店的猛烈攻势下，理央咖啡店面临生存困境。这时，有老顾客提出一个建议："希望你们店能推出低价位咖啡豆奶。"

前文曾经说过，百分百迎合消费者需求反而会增加失败概率。但与此同时，消费者的声音中也潜藏着机遇和启示。

提供咖啡豆奶？价格还不能太高？如果理央咖啡店在菜单中新增这款商品，其"提供正品咖啡和休闲空间"的强项就会被削弱，而且与企业经营理念相悖。但是这种需求确实存在……这时该怎么办？

遇到这种情况时有一个办法，即新开一家售卖低价咖啡豆奶的"平价"咖啡店，店名可以改成"RIO 咖啡"（RIO 与理央的日文发音相同）。这样一来，就不会影响理央咖啡的品牌形象了。

这种方式在市场营销领域有一个专业术语，叫**“品牌延伸（Brand extension）”（品牌扩张）**，即打造派生品牌，凭借原有的成功品牌，开拓新的领域。

这种情况在服装行业成功的案例较多，比如阿玛尼。阿玛尼的主线品牌是乔治·阿玛尼，副线品牌（Casual Line）是安普里奥·阿玛尼（Emporio Armani）。此外，面向年轻人设计的副线品牌还有阿玛尼牛仔（ARMANI JEANS）等。

如果由阿玛尼的高端主线品牌“乔治·阿玛尼”来做面向年轻人设计的低端品牌，就可能损坏原有高端品牌的形象。所以，阿玛尼另外推出了副线品牌和面向年轻人设计的品牌。

品牌延伸立足于原有的成功品牌，与从零开始打造新品牌相比，其优点是无须成本投入。

这时，因为增设新店的前提是建立在原有品牌价值的基础上，所以，理央咖啡成功扩张将触手可及。

看似脱离行业，实则紧密相连的思路

近十年来，网页制作公司的数量急剧增加。由于行业门槛低、自由职业者也能从事，所以该行业的竞争变得异常激烈。近来，一些专业水平一般的菜鸟级宅人也开始利用个人计算机对外招揽生意，行业报价一路走低，市场恶性竞争严重。

受此影响，一些网页制作公司仅靠主营业务难以保证收益，于是纷纷把目光投向业外领域。为了保证利润，宁可背离企业发展的初衷，偏离企业的经营宗旨。

我认识一家网页制作公司的社长，这是一个对市场营销一窍不通的门外汉。有一天，他们公司的网页上居然打出了对外提供市场营销咨询的广告。

当然，制作企业网站往往涉及市场营销方面的知识，网页制作公司会就相关问题征询专家建议。

但是，谈到怎样遵循市场营销理念运用技术、设计网页则属于其他业务领域。而这家网页制作公司在市场营销领域根本没有业绩。

另一方面，近来，一些试水新市场的企业在看似完全不相关的“跨界领域”发展的势头十分强劲。

名古屋有一家叫“ALIVE”的网页制作公司。这家公司的社长过去曾经营过一家印刷公司。

该公司发挥自身优势，除了承接网页设计制作，还承揽宣传手册、宣传单等印刷品制作，为顾客提供从设计到印刷、包装的宣传材料制作的一条龙服务。

此外，这家公司还有一个独特的亮点——创建了共用工作空间（Coworking Space）。

所谓共用工作空间，是一种共同享有办公空间资源的新型办公环境。这种工作室与传统租赁工作室不同，办公环境呈开放式，与公众图书馆的开放式环境比较接近。

选择共用工作空间的共同工作者绝大部分是自由职业者、咨询师、创业者等来自不同行业或领域的人。这些工作者在共享的工作环境中从事各自的工作，相互交流，他们多半会在共用工作空间自然地进行合作。

“ALIVE”推出的共用工作空间主要面向自由设计师、主创人员开放，有时还会邀请他们共同参与公司网页设计和宣传册制作等。

此外，这家公司还给顾客留下如“我们拥有前卫新潮的优秀主创”“我们设计的作品极富个性”等良好的印象，为企业品牌推广起到推波助澜的作用。顺便提一句，“A-LIVE”甚至将共用工作空间的触角拓展到了越南。

网页制作行业也好，印刷行业也好，各行各业都面临着激烈的市场竞争。没有优势的企业很难在市场立足。“ALIVE”没有偏离自己的核心业务，无论在印刷品装帧设计还是网页制作方面都得到业界的普遍认可，因而收获成功是水到渠成的事。

一举解决面包保质期短问题的新商品

爱知县有一家“本间面包制作公司”。这家企业每天定时定点向当地的宾馆、茶馆、咖啡店、超市等供应新鲜出炉的面包。

爱知县最出名的服务是当地咖啡店为顾客提供的早餐服务。每天清晨，你只要随便进一家店，点一杯咖啡，就会享受一片厚厚的赠品烤面包吐司或煎蛋。可以说，本间面包制作公司在某种程度上支撑起了爱知县当地的特色早餐文化。

一般商店出售的面包保质期只有两三天。如果保存方法得当，可以多放几天。但放的时间越长，面包的口感越差。

针对这个问题，本间面包制作公司开始积极思考能不能生产出一种保质期更长的面包。

经过反复试验，终于，这家企业找到了理想的解决方案，这就是面包干。

作为一家实力雄厚的专业面包生产企业，本间面包制作公司既有技术过硬的资深法国面包师，也有硬实力设备的支持。

他们需要做的，仅仅是对工厂的生长线稍加改装，于是，一种全新的面包干被成功地开发出来。“本间面包制作公司”凭借“让顾客享受独一无二的美味面包”的优势，既没有偏离主营领域，还成功地创造出了新价值。

这家企业推出的“本间面包干”很快就火了，与此同时他们还接受了媒体专访。来自各地的顾客慕名而来，现在“本间面包干”已经跻身网络热销商品排行榜。

把真正想卖的东西作为“商品”提供

最后，笔者想从不同侧面再次论证为什么要把“①商品”放在首位。

首先，如果企业从“③渠道”入手，把“①商品；②对象”放在其次，就会发生很多不可预知的事态，在市场竞争中败北，这一点前文已经论述过。

从宏观角度分析，如果企业忽视为顾客提供的“价值”，而这个价值来自企业必须高度重视的顾客购买的“①商品”时，企业就会把目光过度地投向怎样从顾客身上赚取“利润”。

业界有一句定论：**整天盯着利润的企业，总有一天将无利可图**。此外，**如果企业过分追求利润并以此为依据为消费者提供“商品”，未来必将岌岌可危。**

所以，企业决定生产什么“商品”之前，必须搞清以下几个问题：第一，想为消费者提供什么样的商品？第二，什么样的商品能为社会创造价值？第三，怎样使该价值最大化？

企业应从以上几点出发，围绕商品特性、定价等商品策略进行探讨。

此外，正式决定生产什么“商品”后，为了把这种商品的价值提供给更多的顾客，再进一步思考“②对象；③渠道”问题，这才是商业运作的王道。

第 2 章

不要把中学生作为自行车的销售对象

——锁定“对象”

畅销品是消费者的最爱

市场营销的起点是“①商品”，关于这个问题相信读者已经清楚。接下来的重点是“②**对象**”，本章将围绕“对象”进行具体论述。

何为优质商品？如何创造出好的商品？这是最难的。只需克服了这些困难，终有一天你的产品会被顾客发现、接受并畅销。让人惊讶的是，竟然有不少人持以上观点。

这是一个很大的误解。或者说这种想法是错误的。在这个世界上，好商品未必卖得好。类似的例子数不胜数。下面我举一个简单的例子加以说明。

例如，只要你随便走进一家书店，眼前就会出现一排排堆积如山的书籍。但是，其中只有很少一部分书称得上畅销书。那么，“畅销书”与“非畅销书”的区别是什么呢？

对不同读者来说，哪本书更吸引人并没有一个统一的标准。但是，既然是掏钱买书，谁都希望买一本符合自己口味的书。

那么，怎样判断一本书合不合自己的口味呢？如果你打算买小说，不从头至尾阅读一遍，就不知道好不好看。

于是，读者买书时，特别是选择以前从未看过的某位作家写的作品时，往往会“跟着感觉走”。相反，当一本书跻身畅销书之列，读者的购买行为就会被“这是一本广受好评的书”“名人或熟人推荐好书”等标准所左右。

多数人会凭经验认为畅销书多为好书。虽然也有人持反对意见，但是，畅销现象本身即说明大多数消费者对这件商品抱有良好的印象。

顾客第一次购买某种之前从未买过的商品时，并不知道这种商品的价值是什么？也就是说，商品的提供方（卖方）与读者（买方）之间的信息不对等。这被称为“信息的不对称性”。

信息不对称时，对商品价值无法作出判断的消费者，即有潜在购买意向的人必然希望获得一些“线索”。

于是，“客流多的拉面店味道肯定好”“畅销书肯定好看”“高档小区住起来肯定舒服”等“人多、畅销、高档”等线索就成为了消费者作出判断的信号。这被称为“信号效应（Signaling Effect）”。

这就是为什么一件商品越畅销越好卖的原因。

所以，为了吸引更多顾客，企业需要在商品宣传过程中从商品的特征和独特价值等“信号”入手扩大这种信号效应。

那么，“非畅销书就不吸引人吗？”当然不是。非畅销书中也有符合各读者口味的书籍，只是还没有被人们发现。

如上所述，不管普通作者写的作品怎样吸引人，也很难被人们发现。此外，由于读者对书籍内容的趣味性、阅读性等要求越来越高，成就畅销书也并非易事。

失败的图书植入广告案例

再好的作品，如果价值得不到消费者（读者）的认可，就没有人购买。这一点相信大家都理解。

所以，为了让更多读者了解一部作品，作家也好，出版社也好，大家纷纷出谋划策，举办文学大赛、在媒体上刊登广告、邀请名人参加荐书活动，或者举办宣传活动扩大作品的影响力。

此外，还有一种观点认为小说属于商业出版物，商业出版物就是“商品”，所以小说也是“商品”。既然是商品，无论作者还是出版方，如果不能正确认识目标消费群——出版界称之为读者对象，就无法进行合理宣传。

这里举一个极端一点儿的例子，假设出版社把高龄人群爱读的历史小说的宣传广告刊登在少女时尚杂志上，结果可想而知。

同样，如果现在把本书的宣传广告植入小学生教辅书里，本书的滞销可说是必然的。

出版业对此了若指掌，所以，一本新书发布之前，都会对读者对象进行定位，然后根据结果制定宣传战略。

因此，新商品怎样顺利切入市场？企业在制定这个“③渠道”策略之前，如果还没有搞清这款商品要卖给什么人，即没有搞清“②对象”问题，就不能制定合理的市场营销战略。

这等道理还用说？

当然有必要！因为图书植入广告等简单的例子在现实生活中并不多，企业制定商品销售策略，即明确“②对象”问题时，总是在不经意之间犯错，类似的例子太多了。

顾客分两种类型

那么，什么样的顾客会购买你们企业的商品？顾客的购买行为有哪些？不同顾客的购买动机是什么……

接下来，让我们围绕上述问题进一步研究。

前文曾经提到，著名管理学家彼得·德鲁克博士指出企业的目的是“创造顾客”。日语对消费者的定义仅指“顾客”，英语则包括以下两层含义。

第一层含义，指尚未购买过你们企业商品和服务的人，对应的英文单词是“**consumer**”，**即消费者**。

第二层含义，指已经购买或使用过一次或以上你们企业商品和服务的人，即老顾客。对应的英文单词是“customer”，这种人才被称为**顾客、主顾**。

考虑到用日语解释上述两个单词之间的区别比较麻烦，所以，下文中也会用英语补充说明。

也就是说，德鲁克博士提出的“创造顾客”是指持续增加“consumer”的数量。

从企业的立场出发分析，最理想的状态是已经购买或使用过本企业商品和服务的“consumer”继续购买自己的商品和服务。**增加回头客和忠诚顾客是事业成立的重中之重**。

对于刚起步的企业家或新生代创业者来说，争取新顾客是企业面临的头等大事。但是，从吸引“consumer”到成为“customer”是市场营销过程中最难的一步。

因为让一个对自己的企业、自己企业的商品和价值、与竞争对手的差异等情况一无所知的外行从零开始认识和了解自己的企业非常困难。

所以，新生企业、新生事业成功的难度很高。

另一方面，企业对“customer”在市场营销方面的投入更小，这一点毋庸置疑。因为“customer”购买过自己的商品，他们了解所购买的商品和企业（这种“了解”对今后影响巨大，请务必记住这一点）。

也就是说，企业无须进一步提升自身的认知度，因此与把广告宣传和促销重点放在“consumer”身上相比，重视“customer”能够帮助企业大幅节省成本。

因此，尽管用“顾客”一词加以概括，但顾客也有分类。如果企业面向顾客推出无差异化营销，必然导致效率低下。

那么，应该针对哪些消费者进行哪种营销活动呢？仅简单地分为两种类型是不够的。进一步讲，不能只把顾客分成 consumer 和 customer，而是细分为 4 种类型更好理解。

分类标准包括**“购买频率”**和**“购买时间”**。请参照下页的矩阵图。

首先，矩阵图的纵轴为“购买频率”。箭头向上为“购买频率高的顾客”，向下为“购买频率低的顾客”，最下方是“无购买记录的顾客”。

其次，矩阵图的横轴设置“购买时间”。箭头向右为“近期购买”，向左为“很久以前购买”。

观察下图后发现顾客类型大致分为 4 种。接下来，进一步分析。

从纵横两轴对顾客进行分析

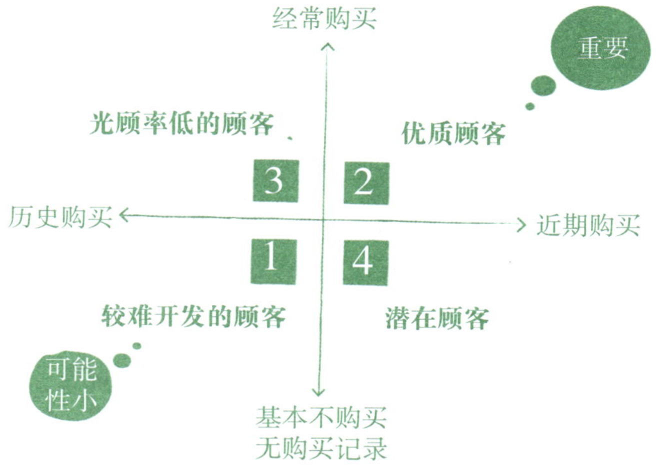

位于矩阵图左下方的人群属于“①**较难开发的顾客**”。这类人群“曾经购买过本企业的商品，但购买频率较低”或“无购买记录”。可以说这类人群最难开发。无论怎么努力，促销效果也不会太好。

一般来说，在商海打拼的企业或个人往往抱着“吸引新顾客”的观念，想尽办法争取这类最难开发的顾客，结果在激烈的竞争环境中陷入恶战苦斗。

其次，再看箭头相反方向的位置，即位于矩阵图右上角的人群——“②**优质顾客**”。这类人群属于“近期购买过本企业的商品，且购买频率较高的人群”，他们是企业或企业商品的忠实消费者。所谓优质顾客，进一步讲就是VIP顾客，这类人群是企业最重要的资源。

所以，企业应该对这类顾客采取回馈策略，给予优厚的待遇和细致的管理。例如：为答谢VIP顾客的厚爱，针对此类顾客推出特殊优惠打折活动，效果一般都很好。建议经营逐步进入正轨的企业和投资者重视VIP顾客。

第三，位于矩阵图左上角的“**③光顾率低的顾客”**。

这类人群属于“历史购买频率高，近期购买频率有所下降的人群”。对于这类人群，企业须重新审视并采取必要措施。顾客购买意向降低的最大原因是遗忘。

建议企业针对这类人群提供“新价值”，争取让他们在记忆中重拾对本企业商品的认识。

以餐饮店为例，店方可以试着推出“新品菜式”或根据季节变换应时推出“刨冰”“暖身火锅”等，为顾客传递新价值，挽回流失的老顾客。

第四，位于矩阵图右下方的“**④潜在顾客**”。

这类人群是“近期有购买记录，但购买频率较低”或“近期有购买记录，但无二次购买记录的人群”。针对这类顾客应引导他们再次来店，有效手段是商家主动采取措施，以寄送感谢函等形式向他们表达谢意。

俗话说“趁热打铁”，企业必须趁顾客没有忘记购买了自己商品的时候主动采取措施。下一步，可以通过赠送优惠券，向顾客传达出“期待再次光临，惊喜等您拿”等信号。

按照以上方法分析顾客类型，就能找出最合理、最有效的宣传方式。

我以前曾在亚马逊集团工作，亚马逊使用大规模数据分析系统进行顾客分析。

举个例子，假设你在亚马逊商城上有过一次商品购买记录，不久就会收到一封向你推荐与购买商品相关的商品目录推荐邮件。这被称为“推荐功能”（recommendation）。

我自己也经常在亚马逊上购买市场营销方面的书籍或最爱的漫画书。每当那些我买过的图书的作者推出新作时，我都会收到来自亚马逊的邮件通知。此外，每当我买过的漫画即将推出新刊时，还会收到一封征询“有无预订需求”的邮件。这些邮件的内容和发送时机都把握得恰到好处，让人惊讶其预测的精准度。

这些预测结果是在顾客购买记录的基础上，使用一种叫“协同过滤”的高精准系统对该特定顾客的历史购买记录、购买时间、消费金额等大数据进行汇总分析后在最快时间内得出的结果。

这种对规模巨大的数据进行分析，根据每位顾客的特定需求提供的订制营销方式（Customization Marketing）被称为“**大数据分析**”。近年来，大数据分析已成为被广泛提及的流行语，相信很多人都听说过。

尽管被称为大数据分析，但并不是说未配备类似亚马逊的大规模数据分析系统就无法操作。我们只需参考这种思路即可。操作方式很简单，企业管理者只需设置专人管理购买自己企业商品的顾客信息，对购买商品品类、购买时间、购买价格等信息进行数据记录即可。

与大企业处理规模巨大的数据信息相比，中小企业只要做好内部“小数据分析”（笔者的自造词）就够了。

顾客信息可以利用电脑有效管理。当然，数据分析不是无章可循，可以参照前面的矩阵图，以几个关键项为轴心进行分析操作。

操作要把握三个要点。

①购买时间；②购买频率；③购买价格

只要按以上3点即可轻松进行管理。

这种以“购买时间、购买频率、购买价格”为基础的顾客信息分析方法被称为“RFM分析”。

R是“最近一次购买日期（Recency）”，即商品的购买时间。F是“购买频率（Frequency）”，即购买的次数。

M 是“购买价格（Monetary）”，即顾客花多少钱购买。

综合分析以上三项指标，企业就能准确掌握顾客购买自己企业商品的行为模式。这样就能选择最恰当的时机对该顾客展开合理的宣传。

揭开潜在顾客的“面纱”

商界最重视的一点是怎样把购买过本企业商品的 customer 变成忠诚顾客。但话说回来，没有新顾客，企业当然也无法继续生存或发展。

那么，企业怎样吸引新顾客以及有购买意向的潜在顾客（consumer）呢？下面介绍一种吸引新顾客的方法，这就是“角色营销”(Persona Marketing)。

“Persona”，本意是“面具”，在市场营销上特指企业商品和服务的目标顾客，即“设定角色”。

首先，详细设定一个有具体形象和经历的虚拟顾客，从该顾客的角度出发思考问题，比如“他在想什么”“他会被什么取悦”……

仅从该词的表面意义来看可能不好理解，但实际上，在实践中运用“角色营销法”制定出畅销品营销策划方案、广告策划案的企业或个人都会给商品目标顾客设定一个具体的“虚拟顾客形象”。

大企业投入新商品研发之前一般不做顾客形象分析，这种情况虽让人意外，但私营店主、餐馆、中型制造业等一般都会对自己的核心顾客进行具体的设定和分析。

通过预测和分析顾客的购买心理和行为模式，企业就能有针对性地选择最有效的媒体和方式，推送最能够打动该目标顾客的信息，高效地开展广告宣传和促销等工作。

此外，还有一个好处是在企业内部达成了共识。

实现全员共享“角色营销”的细节，有助于在企划部、销售部、广告宣传部等与商品营销相关的多部门管理者之间形成一致认识。优点是上通下达，来自高层的决策更容易执行和贯彻到位。

组织机构庞大，比如销售部有200多名销售人员，如果部门内部认识不一致，销售人员在销售过程中就无法用语言打动顾客的心。从统一内部认识的角度看：实现全员共享具体的“顾客形象”也是有效的营销方法之一。

中学生代步自行车不卖给中学生

那么,“角色营销”具体怎样操作呢?

下面以某自行车专卖店为例进行说明。

爱知县知多市有一家叫“BIKEEGG”的自行车专卖店。与东京都的情况不同,爱知县的地铁和公交基础设施建设不够完善,生活在这里的孩子们(初高中学生)。每天大部分都是骑自行车上下学。

因此每逢面临小升初,很多孩子就会开始购买自行车。每年春季是自行车专卖店生意最好的时候。

每到销售旺季临近,“BIKEEGG”便开始大批量印刷报纸夹页广告派发,印量多达38000份。夹页广告通常采用A3纸折两折的大小,正反两面密密麻麻地印着该店的商品图片。奇怪的是,这种宣传方式的效果一点都不明显,完全达不到预期效果。

于是,“BIKEEGG”不得不重新审视“中学生代步自行车”的目标消费群设定。

看到宣传单后，提出想购买“自行车”的人是学生。但实际上真正决定购买哪款车并付款的人是他们的父母，基本上都是学生的母亲。也就是说，自行车的使用者和购买者不一致。

有购买决定权的人、付款方与实际使用人不一致的情况不仅发生在家庭这个小单位。这一点相信大家都很清楚。

因此，面向“有购买决定权的人”进行宣传营销才是正确的营销战略，这就是“BIKEEGG”面向“实际使用人”展开宣传攻势失败的原因。

面向小升初学生群体销售学生代步自行车时，角色设定应该是“有购买中学生代步自行车需求的学生家长”。企业需要设定的具体角色是学生的母亲，并锁定为“特定的人物形象”。

看清顾客“面具”下的真实面孔

那么，怎样把“某个特定的人物形象”落实到具体的人呢？我们可从以下四方面来思考。

关于顾客角色，首先需要考虑的因素是性别、年龄、职业等人口统计学因素。这一点不难实现。

第二个因素是地域。设定顾客的居住地、工作单位等地缘特性。这些都是既定事实，因此汇总整理的难度不大。

现在还剩两个因素需要思考。这两点是角色设定过程中最关键的内容。

一是生活方式，即顾客的生活方式是怎样的？有哪些行为习惯？爱好什么？

二是人生观和价值观。即该顾客认为生活中最重要的东西是什么？把生活的重心放在何处等心理因素。

生活方式和价值观在当前的市场营销学中所占的分量最重。企业要想生产出一种能够打动具有不同生活方式和价值观的消费者，除了进行人口统计学、地域学等“表面分析”，更重要的是洞察消费者的生活方式、行为方式、心理、价值观等。

这种消费者的心理与行为的根源，即“**消费者的真实需求**”在市场营销学上有一个统称，这就是“Consumer Insight”（**消费者洞察**）。

对上面的内容整理如下：

①性别、年龄、职业等人口统计学因素＝Demographic

②居住地、工作单位等地缘因素＝Geographic

③日常行为、生活方式＝Behavior

④对价值观和人生观的思考，心理变数＝Psychographic

通过设定以上人口统计因素、地缘因素、行为方式以及心理变数，一个具体的顾客形象就成形了。

对上述四方面进行明确定义，找出“消费者的真实需求（Consumer Insight）”，就能明确具体的人物形象。看清顾客面具下的“真实面孔”。

顺便提一句，这个具体的顾客形象或消费者的真实需求，即使在商品研发过程中也可以在开发者的脑海中形成。因为一件商品，如果连具体设定的某个“特定目标顾客”都不会购买，那么其他顾客也不会购买。

进一步讲，为了让自己的商品吸引更多顾客，必须设定一个具体的“特定目标顾客”，而不是泛泛的大众消费者。针对某个具体的“特定目标顾客”考量销售策略的这一过程非常重要。

顾客并非真的“喜欢古典音乐”

接下来，让我们看一个具体的销售案例。假设现在有一位喜欢高级音响商品的目标顾客。

这位顾客是一名男性，现年50多岁，家住东京郊外。他白天在位于丸之内[①]的商务楼上班，职务是某大型制造企业的部长，孩子已经参加工作……这样，这名顾客的形象越来越清晰地呈现在了我们面前。

设定好这个人物的具体形象后，下一步是设想他的生活方式、思维方式的爱好。

每到节假日，这个人最大的乐趣是边听音乐边读书，偶尔下厨做一顿意大利面。工作是他生活中最重要的组成部分，同时他也很重视与家人在一起的时光……

如上所述，我们需要对“消费者的真正需求”展开深入分析，但必须注意一点，**或许连顾客自己也不知道“自**

---

① 丸之内（Marunouchi），是日本东京都千代田区皇居外苑与东京车站之间一带的核心商务区。

己想要什么”。

如果以喜欢高级音响的目标顾客为调查对象，询问“您喜欢哪种音乐流派”。绝大多数人可能会说“我喜欢古典音乐”。但是，如果你认为这就是顾客的真心话，是否太过草率了？

第 1 章也曾经提到，不要把注意力过多地放在倾听顾客心声上。如果你把上述案例中的顾客的回答当真，并据此制定营销战略，结果一定会犯方向性的错误。

一般来说，在别人问自己问题时，都会先考虑自己的回答会给对方留下什么印象，结果所说的往往不是真心话。

我们都看过电视上播放的街头采访节目，当记者向受访者询问关于政治、经济等敏感问题时，从表面上看受访者确实谈了一些自己的观点或想法，但深究起来，总会发现其中有一些不自然的地方。

也就是说，人们通常很在乎别人对自己的看法。所以，在回答别人的问题时，我们往往会从怎样回答能让自己显得更有风度、更有学问等立场出发回答问题。

再看上述案例中高级音响的目标顾客，回答自己“喜欢古典音乐”的人，实际上“可能更喜欢摇滚乐”，这一点需要格外注意。

但是，我们的思路绝不能在这里停下。因为即使那些心里自认为“喜欢摇滚”的人，或许其潜意识里真正想听的可能是“20 世纪 70 年代的流行音乐”，只是他自己没有意识到。

这就是连消费者自己也会忘记的需求——潜在的真正需求。

对销售方而言，他们所做的一切都是要努力探索消费者的潜意识，为消费者提供满足其潜在需求的商品和服务。这样才会令顾客感受到“啊，原来我真正想要的是……”等惊喜。

你希望赢得什么样的消费者

再回到原来的话题，仍以“BIKEEGG”为例进行说明。在这个案例中，商家是怎样设定自己的目标顾客的呢？

首先，从人口统计学层面入手。目标顾客设定是学生的母亲，女性，年龄38岁。设定某一具体的人物形象时，年龄要精确到具体几岁。这名女性的职业是兼职家庭主妇。孩子上小学六年级，不再需要过多的日常照顾，所以，从一年前开始，这位母亲开始打工。

其次是地缘因素。该案例中设定得人物家住BIKEEGG店附近。

然后是生活方式和行为习惯。这两项需要对具体细节展开想象，将人物形象设定得更加真实。

举个例子，这名女性每周工作4天，每天上午10：00至下午17：00在某事务所做兼职会计。下班后赶回家准备晚餐。晚上，等老公睡着后看一会儿电视剧，或者在

Facebook、Twitter 等社交网络上与背景相仿的朋友聊聊天。每到周末，和老公、孩子一起去百货商场或购物中心购物。

最后是设定人物的心理变数和价值观。这时，请从一个准备购买自行车的母亲的角度出发思考。

例如，顾客此刻的想法是“自行车的款式都差不多，那么价格越低越划算”，还是“自行车关系到孩子的安全，贵一点无所谓”？

对消费者的价值观理解和把握不同，商家制订的营销策略也会全然不同。

针对认为“价格越低越划算”的顾客可以采取优惠打折等方式吸引其购买。相反，对于认为“自行车关系到孩子的安全，贵一点无所谓”的后者，周到全面的售后维修服务显然更重要。

BIKEEGG 选择了后一种，该店设定的具体人物形象是“贵一点无所谓。希望销售商提供周到全面的售后维修服务”。

如何设定消费者的价值观会令企业的经营方向发生很大改变。为什么？因为“消费者价值观”的设定不是自然导出的。而是商家自主“决定”的。

“决定”将哪类人设为目标顾客，换句话讲，企业希望赢得什么样的消费者，企业的目标消费群定位有时是由自己决定的。

即使是从“顾客的真实需求”为出发点思考，BIKEEGG也衷心希望后一种消费者，即把孩子的生命安全放在首位的学生母亲购买自己的商品。

这个经营决策将对BIKEEGG今后的营销方式选择和营销战略产生巨大影响。

想让自行车畅销，先去时尚咖啡馆喝咖啡

就这样，一个准备购买中学生代步自行车的学生母亲的形象呼之欲出，BIKEEGG 的目标顾客人物形象设定就此完成。

接下来，BIKEEGG 的店长对这个成形的人物形象做了一个大胆假设。

贵一点无所谓，关键是质量。持有这种价值观的母亲肯定重视子女教育。

一个重视子女教育的母亲，绝不会放过一切与子女成长密切相关的信息。

那么，做母亲的平时怎样搜集与子女成长密切相关的信息呢？

网络？书籍？电视？哪一种途径是首选呢？

对……是妈妈团！和妈妈团一起外出吃午餐，在边吃边聊的过程中交流信息。

想到这里，店长真的去了这类目标顾客常去的时尚咖啡馆实地考察。这位店长和我同龄，是一个外表严肃的男士。这样一个大男人居然跑到一家受女性欢迎的时尚咖啡馆，观察她们在干什么。

但是，如果从市场营销学的立场分析：这位店长的行为就不奇怪了。我认识一个优秀的市场营销员，每次对目标顾客展开跟踪调查时，他都会亲自前往这类顾客常去的“现场”实地体验。

为了搞清目标顾客属于哪一类人，我们必须亲自前往这类人常去的场所。

有的人经常通过报刊杂志、网络等途径搜集顾客信息，但是，通过这种途径搜集到的信息充其量只是虚构的顾客形象和想象的产物。当然，有些时候也需要我们发挥想象力，但只凭想象还不够。

一般来说，生产商没有机会与终端顾客面对面接触时，就会把批发商或零售商看作“顾客”，这种做法其实大错特错。

既然是“终端顾客”，就是**最终掏钱购买、使用商品的人，他们才是“顾客”**。不了解终端用户的情况，就无法正确定位商品，当然无法制订营销战略。

仅靠口头传播销量即突破千万

经过实地调查，BIKEEGG 店长想到了一种全新的销售模式——“共同购买”。

什么是“共同购买”？首先，交给妈妈团的核心成员一张共同购买清单。这张清单上最多可以填写 10 个人的名字。集齐 10 个人就可以通过团购享受 BIKEEGG 的优惠。

这种优惠不是打折，而是购买自行车后一年内可在 BIKEEGG 店免费享受修补轮胎、以旧换新以及赠送自行车骑行头盔等售后和维修保养服务。

在这里，店长重视妈妈团的核心成员是一个值得注意的细节。作为共同购买的核心，这个核心成员是通过口口相传向妈妈团的其他成员传播优惠信息的重量级存在。

适合被选作核心成员的顾客类型是，第一，这个人以前在 BIKEEGG 买过自行车，而且对购买的商品满意度较高。换句话讲，这个人是 BIKEEGG 的忠实顾客。第二，这个人是一个对周围其他人有影响力、能够引导他人行动的人。

具体可参见下面的矩阵图。

图上的纵轴为**“顾客的忠实度”**，箭头越向上，顾客的忠实度越高。越向下，顾客的忠实度越低。

横轴为**“影响力”**。箭头越向右，影响力越强。箭头越向左，影响力越弱。这样一来，可以看出该图最上方和最右侧的人就是 BIKEEGG 的忠实顾客，而且影响力强。这种人应该作为核心成员重点对待。

核心成员是谁?

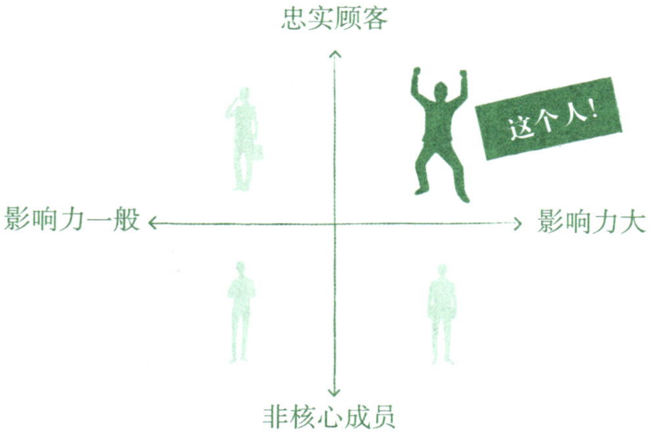

如上图所示，这个忠实度高、能够代替企业扩大商品

和服务影响力的重量级顾客在市场营销术语中被称为“ambassador”。

“ambassador”在日语中的意思是“大使”。比如，演艺圈的人经常受邀作为故乡的“旅游形象大使”在电视节目上代言推广自己家乡的美丽风光，这与“ambassador”的用法和意义大致相同。

另外，影响他人购买行为的人被称为“**影响者**”（influencer）。例如，某知名博主在自己的博客上发表了一篇名为“〇〇商品使用体验”的博文。此文一出，这款商品的销售额急剧攀升。“influencer”指的就是与该博主相似的顾客类型。

因此，BIKEEGG 推出的“共同购买”机制就是通过这种 ambassador，更是“influencer”的核心成员的口头传播在短期内迅速扩大了商品的影响力。

结果，短短一个月时间，BIKEEGG 就售出了 173 辆自行车，销售额高达 1200 万日元。

糖果店的目标顾客不是儿童

上述案例是在充分研究消费者行为特征的基础上制订合理营销战略的例子。另一方面，部分企业的市场需求持续萎缩，行业面临严峻考验，一些企业的做法是重新定位目标顾客群。

前文曾经提到，开发新顾客非常困难。但是，**如果市场规模不断缩小，为了生存，企业必须开辟新的市场**。这里再举一个例子。

与中学生代步自行车相同，还有一种商品的购买方和使用方不同，这就是糖果。换句话说，购买糖果的人是孩子的父母，吃糖果的人是孩子。

我有一个朋友开了一家糖果店。据他说，受少子化和健康意识提高等现象的影响，现在日本糖果市场的规模正逐年萎缩。

所以，今后糖果食品的目标市场将扩大为“孩子和他们的父母”，他们店的营销策略必须调整。

爱知县有一家叫“我的糖果工房”的糖果店，这家店已经成功地开辟出一个新市场。

我的糖果工房是一家拥有传统日式糖果制作工艺的老字号。这家店制作的金太郎糖横向切割时每个横截面都会出现同样的金太郎头像，这种糖果的商品名叫“组饴[①]（kumi-ame）”。

该店利用自己的技术优势，推出一款新商品——手工制“合格糖”。合格糖由红白双色糖组合在一起，糖块上印着“合格”字样。外包装是一个五角形图案（象征合格）的绘马[②]。

当然，这款新开发的商品也是糖果，但它已经不再是一种简单的可食用糖果，而变成一种为顾客提供象征吉祥寓意的有“价值”的商品。

所以，购买这种糖果的人除了考生家长、亲属，还有考生的朋友、恋人、老师、补习班等祝福考生考上心目中向往的学校的各类人群。换句话讲，所有支持考生的人都是这种糖果的目标顾客。

---

① 组饴是一种诞生于江户时代的糖果，加热后将各种颜色的糖组合在一起拉伸成条状，横向切割时可以出现同样花色，以代表健康的日本童话人物金太郎为代表图案。

② 绘马是日本人许愿的一种形式。在木牌上写上自己的愿望、供在神龛，祈求庇护。最初是画马的图案，后来逐渐演变为画上与自己愿望相关的内容。

正像第1章阐述的那样，这家糖果企业不但没有偏离自己的主营业务，还开辟了一个广阔的新市场。通过赋予糖果新的“价值”，成功地发挥了自身优势。

现在，每逢考试季，“合格糖”的宣传广告都会出现在电视、报纸等媒体上，其影响力遍布日本各地，销路扩展至全国，成功跻身畅销商品的行列。

商品也有人生

此外，还有一种不同的顾客分类方法。

这就是从商品生命周期与消费者的购买态度之间的关系为切入点进行分类的方法。

一种新商品进入市场后，随着在市场上的渗透，这种新商品会经历一个从销量逐步攀升→迎来销售高峰→渐渐衰退的过程。

如同人的一生一般，这种商品在市场上经历的过程也被称为“商品生命周期”（product life cycle）。商品生命周期通常分为以下 4 个阶段。

①引入期——刚进入市场发售的阶段

②成长期——市场扩大阶段

③成熟期——稳定后迎来销售高峰期的阶段

④衰退期——销量下滑阶段

各阶段对应的营销策略均不同。横轴为商品经历的各个阶段，纵轴为销售量和利润。具体参见下页图。

何时畅销？何时利润上升？

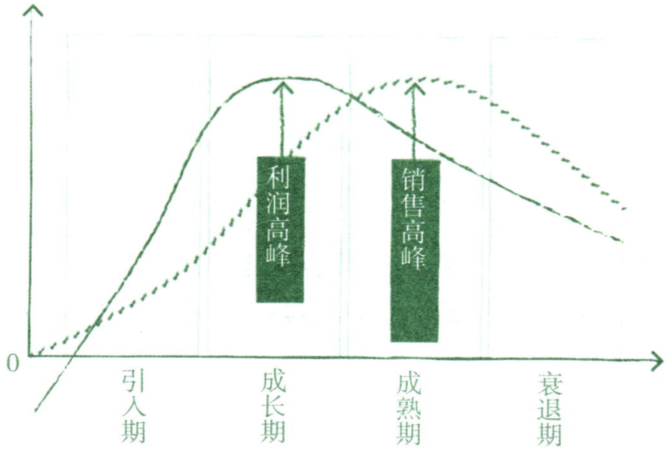

例如，在商品发售之初的“**引入期**”，企业的目标是让消费者了解自己的商品。为了提高商品认知度，企业可以通过打广告和开展促销活动吸引消费者。

其次，进入“**成长期**”。这时顾客对商品已经熟悉，回头客越来越多。此时，企业应顺势推出增加商品价值、提升消费者认可度等各种广告宣传活动。与此同时，注重与竞争对手的差异化，加强自己的竞争能力。该阶段企业利润上升的速度最快。

第三，“**成熟期**”指消费需求达到顶峰，销售量停滞不前的时期。进入该阶段，随着市场竞争激化，市场份额的争夺，企业销售利润开始下降，被迫陷入价格战，所以必须采取相应的措施调整。

最后，商品销售量急剧下降的“**衰退期**”。进入该阶段，企业需要认真研究分析，决定采取什么策略，在什么时间退出市场。

关于商品生命周期，并不是所有商品都会经历同样的过程。长销不衰的商品，和技术升级换代速度快的 IT 类商品，两者在各阶段的存续时间上情况各不相同。

率先走在前沿的人只有 2.5%

了解商品生命周期的概念后，还有一点需要理解，这就是消费者对新商品的购买态度因人而异。

这与前文介绍的“影响者”之间有密切关系。一种新商品进入市场后，消费者的反应不尽相同。有的人喜欢体验新事物，有的人则直到周围人普遍使用才会尝试。其中甚至不乏一些让人惊讶“什么！你现在才买……”的消费者。

美国社会学家埃弗雷特·罗杰斯（Everett M. Rogers）在《创新扩散》一书中把消费者对新商品和服务的购买态度按时间先后顺序分为五个类型。这也被称为“创新扩散理论”。

第一类是最先购买新商品的消费者。此类人群被称为“创新者”（Innovators）。这类消费者的性格特征是富有冒险精神，关注新商品推出，比其他人率先体验和使用新商品。这类人群约占市场整体的 2.5%。

第二类是紧随创新者之后购买新商品的消费者，这类人被称为“早期采用者”（Early Adopters）。这类人的性格特征是对流行元素敏感，喜欢搜集各种新商品信息，通过自主判断决定是否购买。

早期采用者通常从商品的新价值、实用性等角度考虑购买与否，这类人对其他消费者的影响力较大，可以认为此类受众的反应决定了一种新商品在市场上的渗透度。这类人群约占市场整体的13.5%。

第三类是“早期大众”（Early Majority）。这类消费者购买新商品的态度比较谨慎，受早期采用者的影响，与消费者整体相比，属于较早购买的人群。这类人群约占市场整体的34%。

第四类是“晚期大众”（Late Majority）。这类消费者直到一种新商品在市场上彻底渗透，迎来高峰期，并确认“周围人都在使用”后才会购买。这类人群占市场整体的比例同样是34%。

第五类是“滞后者”（Laggards）。这类消费者是消费群体中最保守，对时代潮流和流行趋势最不关心的人群。他们直到某种商品或服务在市场上已经成为必不可少的事物，而且被大众广泛使用之后才会使用。这类人群约占市场整体的16%。

如果把上述五类消费者与某种具体的商品相对应，应如何理解和把握呢？为了方便读者理解，现以 iPhone 为例进行分析。

首先，很多人都知道 iPhone 正式在日本国内上市之前，有些人就已经专门从国外搜集相关信息或在博客等社交媒体上撰文发布信息。iPhone 发售首日一些人甚至在苹果专卖店外排起长队抢购新机。这些人就是“创新者”。

其次，有些人尽管不像第一种人那样为购买新款 iPhone 在苹果专卖店外排队等候购买，但也积极通过网络、杂志、创新者搜集的信息等途径，在新款 iPhone 发售的早期阶段预约购机，这类人群属于“早期采用者”。

第三类“早期大众”是指观望一般消费者购买趋势的人群。这类人在看到新款 iPhone 上市时的热销情况后，会通过网络、杂志等信息途径搜集商品信息，发现消费流行趋势后才购买。

根据上述比例，对创新者、早期采用者、早期大众三类人群的构成比进行统计后得出这三类人群恰好占全部消费者的二分之一。

第四类“晚期大众”是指当新品 iPhone 成为常见商品，为大多数人所使用，且商品价值得到了一般消费者的认可后才购买的人群。

第五类“滞后者”。用上述案例说明，是指目前仍未购买 iPhone 的人群。

那么，为什么我们必须理解商品生命周期和创新扩散理论呢？这是因为**了解了本企业商品所处的生命周期和购买顾客的类型，才能制定合理的市场营销策略。**

如果你们企业的商品正处于新品发售的引入期，企业营销战略制订的重点就应该放在怎样更快地吸引创新者和早期采用者，怎样在早期大众中推广等环节上。其中，早期大众非常关键。因为争取早期大众是商品畅销的决定性因素。所以，怎样对早期大众展开营销攻势是决定一种商品是否畅销的重点。

关于这一点，美国市场营销学者杰弗里·摩尔在其著作《跨越鸿沟》（*Crossing the Chasm*）一书中重点对高科技商品的创新扩散理论展开论述。

在这本书中，摩尔指出，早期采用者与早期大众之间横亘着一道巨大的沟壑（Chasm）。能否跨越这一鸿沟，是决定商品普及程度大小的分水岭。

为什么要重视敏感受众

创新扩散理论主张，早期大众在很大程度上受早期采用者的影响。该观点的出发点是创新者与早期大众之间的沟通不足。

因此，企业必须尽可能多地在早期采用者中普及自己的商品，进而在早期大众中推广与该商品的优点和价值相关的信息。

为此，企业必须制定相匹配的营销战略。

到此为止，我的阐述比较抽象，读者朋友们理解起来可能有些困难。下面就以生活在我们身边的普通人为例，在发挥想象的基础上加以说明。

一款新商品、一种新技术上市之初，最早尝试使用的人被人们称为发烧友（Maniac），有时这类人可能会是御宅族。当看到这些人购买的商品时，人们的第一反应往往是“那个人是发烧友”，此时商品不会在一般受众中真正普及。

催生畅销品的捷径在这里！

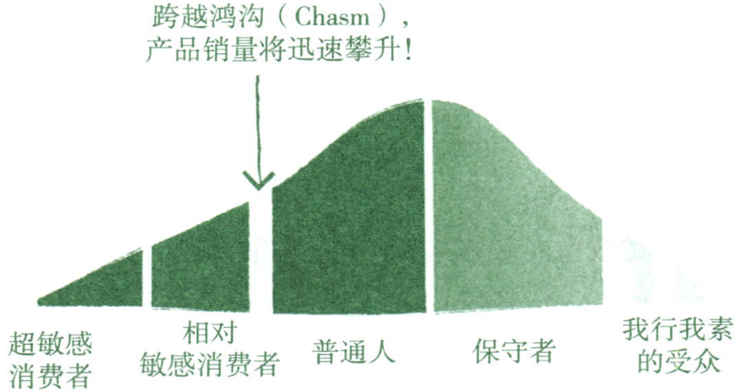

※ 本图参考杰弗里·摩尔的《跨越鸿沟》制作

但是，在这些发烧友兴致勃勃地搜集一款新商品的过程中，他们往往会和一些对新商品、新技术相关的信息“超敏感”的人产生联系。

另一方面，在一般消费者内部，比如“〇〇爱赶时髦”“〇〇知道很多新鲜事物”等“相对敏感”的人群会向流行关注度不高的人提供如“现在流行〇〇”“你还在用〇〇啊”之类的信息，从而推动新商品进一步普及。

所以，在商品生命周期的引入期，企业应重点锁定这类“相对敏感”的早期采用者。如何尽可能多地让他们了解自己企业的商品，如何利用此类消费者推广商品信息是商品畅销与否的关键。

在该阶段，怎样打动这类相对敏感的人群？怎样加深他们对商品“价值”的印象非常重要。一款新商品，“新”体现在哪里？特色是什么？有哪些卓越的性能……企业需要做的，是简明易懂地在商品设计中融入能够打动早期大众的宣传语。

如上所述，企业营销应选择最恰当的时机面向消费者展开最合理的宣传攻势。因此，商品生命周期和推广过程分析的重要性不言而喻。

酿酒厂的目标顾客是不喝酒的女性消费者

下面讲一个按照前文的理论思路成功赢得早期采用者的案例。

本书在第 1 章介绍过一个使用梯田大米酿造日本酒的酿酒厂案例，这家酒企叫千古乃岩酒造。

为了开辟新市场，千古乃岩酒造曾经试水礼品市场。该酒企定期在东京某知名百货商店举办品酒促销会，渐渐地在东京都积攒了人气。

那么，千古乃岩酒造在决定试水礼品市场时是怎么考

虑的呢？用管理者本人的话来讲：**“我们的目标顾客其实是不喝酒的女性消费者。”**

不喝酒的女性消费者？这是怎么回事？

原来，与中学生代步自行车、合格糖的情况一样，礼品销售市场的购买方和实际使用方也是不同的。

不喝酒的女性消费者购买“礼品酒”后，赠送的对象当然是爱喝日本酒的人。但是，不喝酒的人选购礼品酒送给对酒在行的人时必然遇到一个难题——不知道怎么选择。

举个例子，这位女性消费者或许购买了一种在电视广告上经常播出的由某大型酒企生产的酒，这种酒一般人都听说过。或者她也可能购买的是一种地方名酒。但是，如果受赠方对日本酒很在行，那么他一定喝过上面提到的几种酒。这样一来，受赠方会感到惊喜或者会对赠品留下特殊的印象吗？当然不会。

从这一点来讲，如果选购一种很少有人知道的小酒厂生产的日本酒送人，就可能引起一些日本酒爱好者的兴趣。因为对爱酒的人来说，有的人习惯喝某个特定牌子的酒，但也有乐于品尝不同品牌酒的人。

在这一点上，第一，千古乃岩酒造是一家小型酿酒企业，知道的人不多。第二，该酒企可以借势造势，向潜在顾客赠阅印有“本酒厂生产的日本酒采用岐阜县梯田大米精心酿制，是一家拥有上百年悠久历史的老字号酒企……”广告语和图片的宣传资料，打动消费者的心并不困难。

也就是说，“采用梯田大米精心酿制”成为商品的“价值”，与此同时，这句话本身也是给消费者的一句简洁易懂的信息，让人印象深刻。

因为简洁易懂，让人印象深刻，所以，厂商明确地向送礼方传递了选购本企业商品的理由。对于受赠方来说，除了好酒，还可能对“送礼方为了自己精心挑选礼物”的行为而感动。

接下来，当受赠方尝过这种香醇的美酒后，还可能把“前不久，我喝了一种用梯田大米酿造的好酒”等体验进一步告诉其他的日本酒爱好者。随着这种人际交往中的口头传播，千古乃岩酒造生产的日本酒会进一步普及。

千古乃岩酒造的管理者就是按照上面的思路设定了目标顾客。

如果用该案例对照创新扩散理论，那么，即使目标顾客——“不喝酒的女性消费者”不是日本酒的发烧友，她们也可以被归类为寻找珍贵礼品、在新商品流行之前发现新大陆的早期采用者。

只要在这类消费者间播下受欢迎的种子，就能使商品在早期大众——普通消费者中间推广开来。

对“对象”展开全方位分析

企业推销一种新商品时，对“对象”展开全方位分析很重要。

接下来，让我们一起回顾前面的内容。

首先，你们企业推销的对象——“①商品”面向哪些消费者？换句话说，你们在为谁（②对象）提供价值？你们提供的价值是否让他们满意？你们的目标顾客是否明确？

在制定商品生产和营销决策时，你的脑海里一定有一个事先勾勒好的关于顾客潜在需求的大致框架。这个将大致框架落实为具体的“③渠道”战略的过程，就是“对象”具化的过程。

为此，你需要明确“一个”具体的目标顾客形象。

其次，判别本企业商品所处的生命周期阶段。如果处于推广前阶段，就设计一个对你们的商品“相对敏感的顾客”的具体形象。

然后，把“一个”具体的目标顾客与“相对敏感的顾客”放在一起比较，思考怎样以简洁明了的方式传递和打动目标顾客？

如上所述，对“对象”展开全方位分析。

我们的商品会唤起哪些顾客的兴趣？

记住，这种打破砂锅问到底的思维方式非常重要。

最后，思考怎样将商品的“价值”和信息传递给目标顾客——“对象”，这就是“渠道”。

第3章

提到优质咖啡，你能马上说出哪家店的名字吗

——探究“渠道”

别太把自己当回事

销售什么商品确定下来了，目标顾客也设定好了。下一步就是把商品的独特价值传递给消费者。那么，怎样制定渠道策略?

现在，我们终于开始进入第三环节——探究“③渠道”问题。在分析“渠道战略”之前有一点必须搞清楚，那就是：

消费者对我们的企业和商品的认识比我们想象得还要少。

当然，我们对于自己的商品非常熟悉，无论商品功能还是商品价值。

所以，制订商品宣传策略时，有些人会习惯性地从“我们的商品在市场上的品牌形象如何如何”等立场出发思考问题。

世界上有成千上万的人，从根本上来说，建议大家还是不要奢望有人“了解你们的商品”。因为即使有顾客曾经去过你们店购物或者在网上浏览过你们公司的官网，事后也会很快把对你们企业的记忆抛在脑后。

“我们公司经常对外散发折页广告，还定期在网上、Facebook 等社交平台上发布信息。消费者至少应该听说过我们公司的名头吧？”

“这种商品已经卖了很长一段时间了，应该有不少人了解它的价值。”

上述想法仅仅是自我满足或太把自己当回事。

所以，在确定推出什么样的“①商品”时，最好结合“②对象”“③渠道”等市场营销整体进行。**想让顾客购买商品，首先必须要让他们认知这款商品**。

这个认知包括以下两层含义。

第一，**“认知”**（recognition）。这个概念就是单纯地知道或不知道。“你知道一个叫理央周的人吗？”回答无非“YES”或“NO”。

第二，**“想起”**（recall）。即唤起记忆，使人回想起。比如：当有人一提到“市场营销咨询”时，你就会说出“理央周”。

说到“好喝的茶饮料”，你会想到什么牌子

下面以一种具体的商品为例说明“认知”和“想起”之间的区别。

假设某公司的A先生想让同事（后进公司的小B）外出时捎一瓶茶饮料回来。

“小B，帮我买瓶茶饮料，挑一瓶好喝的。”

“好喝的茶饮料？你要什么牌子？”

“你知道‘美味茶’吗？”

“知道。”

“就买它吧。”

这就是该商品被小B“认知”的例子。此外，你有没有碰到过下面的情况呢？

“小B，帮我买一瓶好喝的茶饮料。”

“好的。‘美味茶’行吗？”

“没问题！”

这就是该商品让小B“想起”的例子。

那么，认知与想起相比，哪种商品的销量更好呢？

不用说，当然是**让顾客“想起”的商品销量更好。**

所以，商品提供者的最终目的是让顾客“想起”。但是，要做到让顾客想起困难重重，因此第一步是让顾客认知，第二步才是唤起顾客的记忆。

为了“唤起”顾客对本企业商品的记忆，需要经过几个步骤。

接下来，让我们一起在充分理解上述前提的基础上探究“③渠道”问题。

加入或不加入SNS的理由其实很简单

怎样运用“渠道”让消费者认识自己企业的商品价值并购买呢？操作方式很多。大多数人首先想到的可能是广告宣传，近来，通过SNS社交网络展开宣传攻势的企业多了起来。此外，还有新品体验会、派发免费试用装、街头宣传等方式。

进一步讲，如此众多的操作方式之下还有各种更具体的“选项”。那么，如何确认哪种操作方式的效果最好呢？这非常困难。

以广告宣传为例，广告宣传还包括电视、报刊杂志、传单、海报等多种形式。

此时，如果未确定“①商品；②对象”就盲目打广告，结果可能会选择错误的媒体，导致真正锁定的目标顾客群根本看不到广告。

结果，投入的资金、时间和劳动力全部白费了。前文列举的失败的图书植入广告案例就印证了这一点。所以，你们必须从“③渠道”入手进行决策。

我有一个叫清水绘津的朋友，她是一个知名度很高的沟通技巧讲师，经常受邀参加各种行业研讨会和专题讲座。

不久前，我偶尔听说这位商业精英，而且专业是沟通技巧的讲师居然不用 Facebook。我带着疑问试探性地向她询问原因。

她马上回答**“我的顾客没人使用 Facebook”**。

几个月过去，有一天，我突然接到她从 Facebook 发来的好友验证申请。我大吃一惊，于是又问她：“你怎么也开始用 Facebook 了？”**“因为我的顾客开始用了……”**

我想，这才是问题的真正答案。她认为没有必要在自己的顾客不用的媒体上浪费时间和精力。

本书前言中曾经提到一个 CD 专卖店的例子。这家店的核心主打商品是演歌、歌谣，主要面向老年消费者销售。也就是说，如果对该店目标顾客的行为模式进行分析后就会发现无论卖方怎样努力在 SNS 等社交平台上发布资讯，也达不到预期效果。

选择营销“渠道”时，只有选择目标顾客经常接触的媒体，才能真正起到宣传的效果。

最好的信息“载体”是什么

为了让消费者对商品形成具体认知，让我们一起试着对大多数人的思维方式、广告宣传及 PR 推广等沟通途径进行分析。

关于广告宣传及 PR 推广的专业理论知识众多，但对普通人来说，记住这些专业理论没有什么实际意义。因此，本书从两个要素出发进行简要说明。

要素一，**“表现方式”**。要素二，**“媒体”**（media）。

先说“表现方式”，这是本书反复出现的一个词。这个词不难理解，它由“拷贝”和“印象”构成。

所谓**拷贝**，即通过文字、语言等手段表现该商品的价值和信息，包括文案（catch copy，用一句话描述的吸引人的广告语）和广告正文（body copy，仅用一句广告语无法说明的商品介绍）等。

所谓**印象**，是指通过动画、图片、设计等途径，将商品价值和信息如实再现并传递给消费者的手段。

怎样将“表现方式”具体化是一项难度很大的工作，没有一个绝对正确的答案，在广告界属于“创造性工作”。尽管我们可以借助广告文案和平面设计等专业人士之力，但现实生活中也有很多不求助专业人士，自己动手设计的例子。

承载这些“表现方式”的就是媒体。英语里有一个词叫“vehicle”，意思是车辆、传播媒体、媒体物。

怎样将这个“表现方式”和“媒体”表现出来？只有当确定或选定某种媒体后，才能具体表现出来。也就是说，“表现方式”和“媒体”二者之间的关系是斩不断的。因此，显而易见电视广告和报纸广告两种媒体在传递信息时的表现方式也不尽相同。

也就是说，有一个问题我们必须搞清楚，即**“选择最好的信息载体传递最具诚意的信息，来打动顾客的心”**。

那么，怎样选择信息传递媒体（载体）呢？下面用一个广告案例进行说明。

首先，掌握媒体的类别和特性。媒体的种类很多，而且每种媒体的特征各不相同，必须根据各自的特性区别使用。

选择电视广告作媒体时，注意影像必须能给观众以视觉冲击力。而且收视率高的节目能将信息一次性地传递给更多的大众消费者。相反，这种方式的缺点是运作成本高，时间通常只有短暂的 15 秒。

另一方面，选择在报纸杂志等纸媒体上打广告时，虽然不如电视广告的视觉冲击力强，但考虑到受众关注时间长等因素，所以适合用于传播商品特性等具体信息。

此外，最重要的原则是灵活利用各种媒体的特点，多种媒体结合运用。

大企业在市场上做新商品推广时，一般不会只选择电视广告，还会考虑其他媒体组合。

通过电视广告扩大消费者的认知度，通过杂志广告强化商品印象，通过报纸广告或网络传播信息。在消费者来店时，再借助海报、POP 等宣传途径进一步传播信息。

如上所述，通过多种媒体结合的方式令效果倍增，争取在最快最短的时间内向消费者传播信息，这一点非常重要。

同是洗发水，宣传方式却截然不同

什么样的媒体能够在最快最短的时间内向消费者传递信息？在选择这种载体时必须注意一点。即从中立的立场出发进行选择。这在市场营销学上被称为**“媒体中立”**（media neutral）。

“媒体中立”是一种**摒弃对电视、报纸、杂志等传统媒体的所有固定观念，回到初始状态后选择最佳媒体的方式。**

那么，怎样选择最佳媒体呢？

那就是，从企业目标顾客的立场出发，设想他们的行为模式。正如第 2 章介绍的人物角色营销一样，对消费者的生活方式进行细致的分析。

以洗发水为例。假设一款洗发水价格适中，另一款洗发水价格偏高，这两款商品选择的广告媒体截然不同。

购买价格亲民的洗发水的消费者一般是已为人母的 30 岁左右的家庭妇女。这类人奉行节俭，对支出精打细算，对打折促销信息比较敏感，乐于同妈妈团的成员们在网上交流信息……

设定具体的人物角色后，下一步是找出她们经常接触的媒体。如果媒体类别是电视广告，则她们经常接触的应是集中在白天播出的生活资讯节目。如果是杂志广告，可能性更大的就是 *Orange Page*、《萵苣俱乐部》等美食杂志或生活资讯类杂志。如果是智能手机等移动通信商品，可以主动利用新媒体，尝试创建自己的公众账号，这样，目标消费群的覆盖范围会更广。

另一方面，如果是高端商品，与其考虑成本效率，人物角色设定应该是对流行元素敏感度高的白领女性等。此时，如果选择的媒体类别是电视广告，建议在晚间电视剧时段播出。如果是杂志，建议在 *CanCam*①、25*ans*② 等女性时尚杂志上刊登广告，这样能大大提高向目标消费群传播信息的效率。

总之，同一种商品，如果目标消费群不同，应选择发布广告的媒体也不同。所以，企业应果断抛弃“现在流行○○媒体”或“○○是我们公司惯用的媒体形式”等固定

---

① 日本时尚杂志 *CanCam*，是小学馆每月在光文社发行的月刊女性时装杂志。1981 年创刊，现在也受到 10 岁到 40 岁女性的广泛支持。发行本数有 57 万部，在赤文字系的类似杂志中居首位。

② 25*ans*，是日本知名女装时尚杂志。

观念，从“目标顾客群经常接触的媒体”这一中立的立场出发选择相匹配的媒体，在此基础上再采用多种媒体相组合的方式就能事半功倍。

这种情况不仅限于电视或报纸杂志等大众媒体，报纸折页广告也是如此。只要仔细观察就会发现，那些广告有的刊登高档公寓、高档私家车信息；有的则介绍人潮拥挤的超市和家电卖场促销日，这种地域密集型广告的内容是多种多样的。

只有具体情况具体分析，灵活采取不同的应对之策，才能快速向顾客传递有效的信息。

灵活运用媒体，但不要“捏造事实”

近年来，Twitter、Facebook 等新型网络社交平台对市场的影响力越来越大。对此，我们需要从媒体角度出发重新审视将消费者与企业联系在一起的所有切入点和结构，并整理、分类成三种运行模式在市场营销中加以灵活应用。这种被称之为“三元媒体（triple media）”的模式正受到越来越多的关注。

三元媒体的实质包括以下三部分。

●Paid Media

●Owned Media

●Earned Media

这三种媒体都有各自的短板和长板。

第一，Paid Media（购买性媒体）是一般“付费”的媒体。广告主付钱购买广告播放权，即电视 CM、报纸杂志等传统大众广告。有观点认为在线搜索引擎广告也应归入此类媒体。

Paid Media 的优点是广告主可以选择在不同时段播出信息，影响力大，能在短时间内提升商品和服务的认知度。

缺点是花费高昂，单方面传递信息，消费者反馈的速度较慢。但在线搜索引擎广告可以实现与消费者之间的双向互动，因此这些新的可能性值得期待。

第二，Owned Media（自有媒体），指企业自有的官方网站。除了官网和电子杂志等网络媒体，还包括 Showroom、实体店等。

Owned Media 的优点是企业自主运营，便于管理。因为无须购买媒体平台，所以，通过调整运营方式可以有效控制成本。

缺点是建立成熟的 Owned Media 需要一段时间。即使建立，从平台正式开放到日点击量过万也需要经过一段时间。

第三，Earned Media（赚得媒体），指企业获得用户口碑和评价的媒体，比如 Twitter、Facebook 等社交平台；Tabelog 等日本版大众点评网；亚马逊、乐天的 customer review 等。

这种媒体的优点是第三方从客观的立场出发评价，因此可信度高。

缺点是不可控，可能有负面评论在网上传播。即便如此，“花钱雇水军炒作”等“虚构事实”的做法也不可取。一旦被消费者发现肯定会给自己的声誉带来负面影响。

打造“了解—购买—再购买”循环

那么，要想将上述三种媒体结合利用，获得加成效果，应如何去做呢？这个问题可以从发挥各自的特性出发思考。

大致流程如下：

①通过 Paid Media 提升知名度，通过 Owned Media 吸引顾客

②通过 Owned Media 增进用户对商品的了解，推出促销活动，刺激消费者购买

③为购买本企业商品的顾客定期寄送 DM 广告及企业商品资讯，吸引消费者进一步购买

也即是说，对“了解—购买—再购买”三个阶段的过程进行优化整合。

在此基础上，在阶段②，面向访问本公司官网或到实体店体验的顾客寄送大量 DM 广告及企业商品资讯。即便首次访问本公司官网或到实体店体验的用户未产生购买行为，也能在无形中提高今后的购买概率。

从这个意义上来讲，对于通过途径①Paid Media了解本企业的顾客，怎样吸引他们浏览本公司的官网或来本企业开设的实体店体验非常重要。

通过媒体促销的步骤

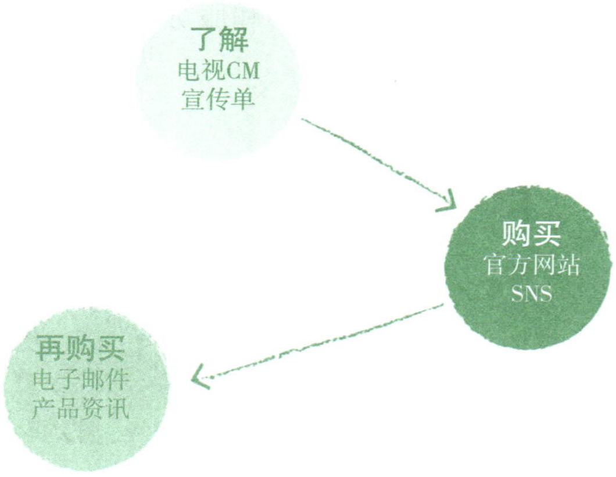

为什么？因为Paid Media存在时间和空间上的限制，很难对商品特性进行全方位解读。

电视CM上常见的“详细信息见官网介绍”是Owned Media（企业官方网站）吸引顾客的常见方式，同时也是一种理想的运作模式。

在此基础上，只要企业提供的商品质量过硬，服务有保障，用户就会自发地在 Facebook、Customer review 等 Earned Media（赚得媒体）社交平台上评论留言。

随着在上述媒体的留言评论增加，消费者的认知度会进一步提升。当前时代，由于消费者对信息有较高敏感度和关注度，所以，购买商品之前，越来越多的消费者开始积极搜集与新商品和服务相关的信息。

所以，从根本上提升商品和服务的质量及价值的重要性不言而喻。

不标托运货量和价格的搬家公司

继媒体之后，另一种向消费者传递信息的“表现”形式是什么呢？

选择表现形式时最重要的一点是完全从顾客的角度出发。因为卖方总是习惯于将自己想传递的信息放进来，但这充其量只是卖方视角。所以，卖方应该**先认清顾客未必对自己有多大兴趣并在打动买方心扉的表现形式上下功夫。**

也就是说，重要的是把顾客心里想要的、不可见的“价值”用明确的、易理解的，且能引起他们兴趣的形式进行传递。下面介绍一个具体案例。

这里要介绍的是一个完全从顾客角度切入，在业务流程和信息表现形式等渠道上入手提升企业业绩的搬家公司的例子。这是日本爱知县的一家叫“搬家第一”的搬家公司。

与其他经常在电视上做广告的大型搬家公司相比，“搬家第一”是一家中型搬家公司，无论在企业规模上还是知名度上都无法与前者相媲美。但是，这家搬家公司的顾客满意度高达 93%，是一家以高回头率创造竞争优势的企业。

时下，搬家服务市场竞争日趋严峻。网上有很多可同时向数十家搬家公司咨询报价的“统一报价网”。消费者在选择搬家公司时，可以通过浏览这类网站上发布的信息，对各公司进行直观比较。因此，激烈的价格战波及的范围越来越广。

很多搬家公司在网站首页上打出如“单身人士套餐，2 吨载重卡车，工人 2 名，16800 日元”等低价揽客信息。

相反，“搬家第一”的网站首页上找不到一张报价表。取而代之的是一张张其乐融融的家庭生活照。与此同时，这家搬家公司把企业宣传重点放在能为消费者提供更高品质服务、提高顾客满意度上。

在价格战愈演愈烈的搬家行业中，仍有顾客认为即使价格稍高也不是问题，能提供周到细致的服务才是关键，应重视这类顾客。此外，搬家公司必须争取更多客单价高的订单，比如全家搬家安宅等类型的大订单，才能赚取更高利润。

由此可见，搬家公司最应争取的是乔迁新居类订单。

顾客乔迁新居时，最怕搬运过程中发生因搬家公司的工人操作不当导致家具损坏等问题。所以，搬家公司的报价高不是问题，顾客更看重服务的品质。

正因如此，“搬家第一”为争取“优质顾客”，非常注重听取顾客评价。从这层意义上来说，搬家行业在性质上属于第 1 章介绍的重视“持续创新”型行业。

“搬家第一”的业务流程如下：

第一，搬运工作结束后，由顾客在问卷调查表上填写满意度评价，交给司机后带回搬家公司，并于次日开晨会时在全体员工面前宣读，当场发现问题和解决问题。

第二，基于顾客反馈，对业务流程进行大幅改善。

为避免在搬运过程中发生家具损坏等问题，该公司配备的所有车辆要求在车内地面铺设地毯。此外，工人入户时必须更换袜子。不放过每一个细节，一切旨在为顾客提供完整细致的搬家服务。通过每一个细节的积累，这家搬家公司成功地将顾客满意度提升至 93%。

在此基础上，这家公司的网站主页由两大核心板块构成：一是为顾客提供高品质服务，二是重视顾客满意度。

从明码标价，以“质”论价等本书第 1 章介绍的晕轮效应等层面分析，可以说这种摒弃“低质低价”模式的企业战略更为合理，帮助“搬家第一”低调而不张扬地表达了为顾客提供高品质服务的服务理念。

也就是说，“搬家第一”公司在企业门户网站上以“比起优惠打折，优质顾客更想要的是高品质的服务”为前提进行网站建设，表明了贯彻以顾客为导向的服务主张和公司理念。

启用外国模特的广告为何叫好不叫座

考虑表现的“意象”时，从卖方角度出发难免会犯一些错误。这是因为表现的内容与消费者追求的价值相背离。下面为大家讲一个真实案例。

我有几个经营美容养生馆的朋友。他们中的绝大多数都在 *Hot Pepper Beauty* 等免费美容杂志上打广告。

翻阅这类广告时，我发现上面的广告模特几乎清一色是外国面孔。让人遗憾的是，迄今为止，那些启用外国模特的美容养生馆似乎还没有因此成功地吸引顾客到店。

美容养生馆启用外国模特的出发点是认为顾客“希望拥有外国模特般美丽的面孔”。

但是，对于那些浏览广告的潜在顾客来说，即使她们“想变得更漂亮一点”“想更苗条一点”，也不至于想拥有一张外国人的面孔。所以，打出这样的广告，潜在顾客与美容养生馆双方之间的距离不可能缩短。

这时，更合理的方式是启用与顾客外形接近的本土模特，或者采取一些品牌形象战略，如使用美容养生馆老板或主打人气美容师为顾客服务的照片等。

美容服务的性质属于一对一服务，美容师为顾客服务时需要直接接触客人的身体。客人到店时，由哪名美容师施术？只有看到那张面孔，客人才会放心。这样一来，美容养生馆与顾客之间的距离一下就缩短了。

市场学有一个专业术语叫**“品牌联想”**（brand association），是指消费者看到某一特定品牌时，从记忆中所能被引发出对该品牌的任何想法（印象、词汇等），消费者的联想通常是直接体验，也有很多是经广告等信息途径获得。

在市场营销领域，该品牌联想以与竞争对手相比，拥有自己的特色，注重差异化竞争为重点。

因此，在大多数竞争对手启用外国模特打造自身形象时，用差异化定位突出本店的特色，比如打造本店店主或主打人气美容师的品牌形象，这样让顾客产生“特殊”品牌联想的可能性更高。与此同时，当顾客一听到美容养生馆的店名时，如果能自然而然地联想到“安心”“亲民”等字眼，则会拉近店铺与顾客之间的距离。

对商品太熟悉，反而容易遗漏某些细节

这里列举一个从顾客角度出发完成宣传手册制作，并通过在表现形式上下功夫取得成功的案例。就是本书在第 2 章曾经介绍过的自行车专卖店 BIKEEGG。

这家店的店长遇到的问题是派发折页广告的宣传效果不好。电动自行车销售量几乎为零，最多只卖出两三辆。

此时，这家店有一件事绝对不能做，那就是降价。

日本本土自行车市场中生意“最火”的是以建材超市为首的量贩店。大型量贩店利用自身特有的规模优势大批量进货，主打低价牌，因此必将使行业陷入激烈的价格战。在这种背景下，如果街头的小型门店被迫卷入这场价格战，胜算几乎为零。所以，小型门店不要与其在同一个平台上应战。

那么，小型自行车店应该怎么办呢？答案只有一个——从细节入手，发挥自身优势。

首先，发动全员力量，群策群力，从顾客的角度出

发，重新对电动自行车的价值进行定位，找出商品规格说明书上没有列举出来的，表面不可见的潜在价值。

于是，“作为汽车的替代物，骑电动自行车能节省汽油费”“能解决运动量不足的问题”“有利于环境保护”等价值被一一列举出来。此外，店长还注意到如“电动自行车不必上牌照”等吸引消费者眼球的价值。

作为卖方，我们对自己的商品太熟悉，反而容易忽视消费者对于商品的一些简单的疑问。所以，可能想不到消费者中还有一些人误以为电动自行车需要上牌照等细节问题。

相反，店长每天都要和形形色色的顾客打交道，所以，能够在交流过程中发现商品的上述细节，并自然而然地将该细节与商品的价值联系在一起。也就是说，与消费者面对面接触正是激发灵感的源头。

发一次传单，电动车销量增加 14 倍

于是，BIKEEGG 的店长在本店的折页广告传单中醒目地打出“你知道电动车的优点是什么吗”等广告宣传语，还围绕商品价值列举了一大堆诸如“无须上牌就上路”等诱人字眼，此外，还在宣传单上下了不少功夫。

例如，一般自行车专卖店设计的广告传单内容不外乎“新生活助力展销会”“（年终）答谢庆典”之类冠冕堂皇的宣传语，传单的正反两面通常密密麻麻地印着一排排自行车实物图。

此外，在商品实物图的旁边用小字标出生产厂家、商品尺寸、颜色、8 段变速等产品规格，再以醒目的红色字体标出商品的优惠价格。尽管各店推出的广告传单在设计上有一些细节差异，但大多数门店设计的传单内容大同小异。

相反，BIKEEGG 的店长做出一个大胆的决定——该店的广告传单上只印 4 辆电动车实物图。

减少传单上商品图的数量，空白处用店长驾驶电动车穿梭于店铺周围6条坡道的“单车爬坡”动感图填充。以轻松简洁的方式将自行车爬坡能力强这一商品本身的核心功能和价值传递给消费者。

最后，BIKEEGG店设计的传单最下方是“售后维修周到、服务细致到位”等顾客留言评价和店长的大头照。

就这样，BIKEEGG成功地摆脱了之前派发宣传单效果不佳、门店销售业绩几乎为零，最多时只卖出两三辆的经营困境，电动车销量激增14倍，交付量达28辆。

28辆，这个数字印证了一个事实：消费者关注的不只是商品的价值和品种。与商品售价相比，BIKEEGG的店长通过将商品的其他优势——消费者没有认识到的潜在价值、服务和售后维修等因素放大，成功地迎合了消费者购买商品的潜在需求。

顾客吃的不是“特色食材”，而是“大间产金枪鱼”

接下来，让我们进一步围绕“表现”形式进行分析。

商品，特别是食品广告，内容大多围绕“特色食材”“独家特色”展开。

暂且不论“独家特色”一词在日语中的含义原本是什么，能够让消费者通过了解这个“独家特色”的内涵，进一步产生美食体验，这类广告就是成功的。

但是，如果“独家特色”的标签满天飞，那么，你的“独家特色”又比其他“独家特色”好在哪里呢？如果广告主不能明确地将其中的差异传递给消费者，这样的广告就失去了应有的意义。

所以，如果真的是“特色食材”，广告主就应该采用通过“固有名词”唤起消费者的联想、产生认识的广告表现手法。在此基础上，从固有名词唤起顾客对食品的联想，比如“美味、安全、特色”等正面效应，这样效果会更好。

举个简单易懂的例子，一听到“本店汉堡均采用松阪牛 A5 级牛肉制作”“纯种名古屋交趾鸡火锅料理”“大间产天然金枪鱼盖饭”等广告语，相信一定会勾起很多人的食欲。

此外，需要进一步考虑的是第 1 章关于商品“功能”和“价值”的介绍。

过去，企业宣传自己的商品时，更重视从**“这件商品是什么样的产品”**等功能层面入手。这种营销模式实质上与“特色食材、独家秘制”一样，是从卖方的角度出发进行信息传递。

但是，随着市场营销学认识的拓宽，现在的营销模式已经悄然转变为以买方立场出发，向顾客传递**“一件商品有什么优点”**等信息的表现形式逐渐多了起来。

为什么？因为对消费者来说，与商品所谓“独特”的“功能”相比，他们更重视这件商品的使用“价值”。所以，像松阪牛、名古屋交趾鸡、大间产金枪鱼等已经确立品牌形象，该品牌带来的“价值”也已为大多数人认可，这样的广告表现形式才是有意义的。

另一方面，如果广告内容只是简单的一句“名古屋的营销商理央周生产的特色年轮蛋糕”，那么，对消费者来说，既看不出这种商品的特色是什么，也搞不清楚这个

“理央周”是干什么的？所以这句广告语很难勾起顾客的食欲。

但是，如果广告内容能激发起消费者的好奇心，让他们产生诸如“咦，这是什么”“这个新玩意儿头一次见，不如试一试”等新奇感，就也等于提供了某种程度的“价值”。所以，有的广告以刺激消费者猎奇之心为目的，在表现手法上采用了一些技巧。但是，能否达到名古屋交趾鸡的品牌效果，就不好说了。

与这种表现手法相比，如果在广告中植入品尝美食的情景或新吃法的价值，比如“生日特供，蛋糕横断面为寿星年龄的年轮蛋糕”或“可做下酒菜，真味上品，香甜年轮蛋糕”等诉诸视觉的直观图像（形象化广告），则更容易打动顾客的心。

iPhone 手机初次搭载视频通话应用程序时，宣传广告中有下面这样一个镜头：

为在外地出差的爸爸举办生日宴会的当天，小女孩和妈妈准备了一款手机为爸爸庆生。爸爸穿越手机画面，吹灭蛋糕上点燃的蜡烛。

这款应用程序带给 iPhone 手机用户超凡的模拟体验，让远隔千里的人感受到如同置身家中的温馨。而该应用程序名 Facetime 和视频相机镜头的产品规格都没有在广告中出现。可以说，这是我最欣赏的广告之一。

像这则广告一样，将表面不可见的潜在价值呈现出来，就能成功地把打动消费者心灵的信息传递出去。消费者想要的不是智能手机的“轻薄”，而是“拿在手里正好合适”。

同样，消费者想要的不是“特色”，而是“美味”“放心”，有时甚至是“紧俏货、稀缺货”。这一点必须牢记。

把最想传递的信息放在左上角

大企业的广告预算庞大，所以，可供选择的广告媒体平台众多，比如电视广播广告、报刊杂志广告、海报、宣传单、DM、官网主页、店头行销……此时，应注意在所有媒体平台上打出的广告信息必须统一。

媒体平台不同，信息不同，容易让消费者感觉混乱。各种媒体的广告内容必须一致，像烤串上穿的食材一样搭载相同的信息。

这被称为**“统合型沟通”**，对应的英语是“整合营销传播”（integrated marketing communication）。

把各种信息串联起来，消费者无论接触到哪个环节得到的信息都是一致的。消费者在各种媒体上接收到的信息始终一致，就能在重复积累的过程中开始熟悉这种商品。

所以，为了让广告宣传的效果更好，建议广告主组合搭配多种媒体，统一信息，注意信息内容的连贯性。

此外，DM、宣传单、公司介绍手册等属于纸质媒体，

人在浏览信息时一般习惯从左上角看起

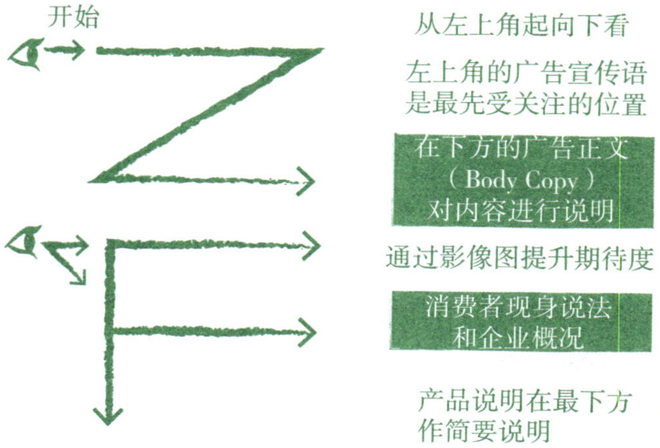

企业官方网站、电子杂志等属于数字媒体，这两者都是平面媒体。那么，采用平面媒体制作信息时需要注意什么呢？

在媒体上打广告时，精美时尚的设计固然重要，但是，为了将信息业精准地传递至目标顾客，还要充分考虑内容的配置和构成。配置内容时，应注意人的阅读习惯（眼球的运动轨迹），这样才能更有效地引导顾客。

据研究，人在浏览平面媒体时，眼球的运动方向遵循一定的规律。也就是说，人们习惯从平面媒体的左上方，按英文字母“Z”和“F”的书写顺序浏览。

根据上述特性，广告主只需将最想传递的内容嵌入顾客视线通过的位置，就能增加顾客目光驻留的概率。

所以，建议广告主把最想传递给消费者的信息、最重要的内容嵌入平面媒体的左上角。以此吸引顾客的眼球，这就是被称为“广告语”（catch copy）的意义所在。

相反，如果广告左上角的内容无法吸引消费者的眼球，下方的内容就更不用说了。从消费者的视角出发，通过在平面媒体的左上角嵌入让他们感兴趣的优惠信息或意想不到的好处，达到抓住顾客眼球的目的，这才是重点。

优秀广告语的设计要点只有一个

接下来，关于广告文案的内容配置和构成，还有一点需要注意。

下面以日本（长崎县佐世保市）通信销售巨头 Japanet Takata 为例进行说明。例如，Japanet Takata 社长高田明在一档电视购物节目中推销一款超薄液晶电视。节目开始，高田社长首先用他那独特的口吻从这款超薄液晶电视的功能，如操作简单方便等谈起，然后播放影像，向用户展示该产品的价值，即使用该商品的过程中能带给他们哪些愉悦体验。

接下来，向用户介绍自己公司推出的各项优惠活动和服务承诺，比如“提供以旧换新服务，旧电视折价 3 万日元”“买电视即免费赠送付费频道”等。

节目最后，商品动图一闪而过，旁边配以“超值实惠，心动不如行动”的文字描述。紧接着镜头急速转换，画面最终定格在商品价格上，同时打出一行文字：“心动价格，再不出手更待何时?”

上述过程是揣摩收看节目的受众心理，根据受众心理制定广告内容构成的过程。

企业通过电视媒体面向消费者推销商品和服务时，把**商品影像和价格放在最后打出**是一条金科玉律。

那么，为什么不能在广告片播放一开始就打出商品的价格呢?

因为**在看到价格的瞬间，一些本来有购买意向的顾客会选择放弃。**

如果企业在广告片播放开始就打出“这款超薄液晶电视只需10万日元”等宣传语，那么，可能本来计划掏10万日元以上购买更贵的高端家电的用户，或只计划支出5万日元左右购买低端家电的用户马上就会换台。这种情况不仅限于电视媒体，其他媒体平台的情况也大同小异。

无论通过什么媒体打广告，吸引消费者的关注是第一位的。

首先，用醒目的广告语吸引消费者的关注。其次，用广告主体及影像向消费者传递具体内容，例如“○○商品的实用性和便利性是什么”“○○商品能带给用户哪些愉悦度和价值体验”等商品的价值……

最后，在公布价格时，要强调“价格如此实惠”。这里要注意，并不是向顾客强调绝对意义上的“价格低廉”，而是让顾客意识到“这款产品的性价比极高”这一相对价值。

接下来，公布价格后，在广告播放的最后——注意：以下内容非常重要——为引导消费者购买你们的商品，举个例子，如果选择在电视购物节目上打广告，就公布免费咨询电话。如果派发传单，就在宣传单上注明店铺的位置和联系方式。如果在亚马逊的商品展示页上打广告，就提示顾客放入购物车。

这种刺激消费者产生购买“行为”的机制在市场营销学上有一个术语叫“CTA”（行为召唤，Call to Action）。

在距离商品和价格最近的位置嵌入 CTA 是关键。CTA 相当于超市或 24 小时便利店的收银台。通过在距离商品和价格最近的位置嵌入 CTA，更容易引导消费者产生购买行为。有无行为召唤信息，消费者的响应截然不同。

提到咖啡好喝的店，你能马上说出店名吗

到此为止，本书围绕广告宣传策划过程中的“表现”形式进行了阐述。

但是，除了广告，企业还可以通过其他途径“表现”。比如**公司名、店铺名称、商品名称等都是表现的手段**。企业命名及品牌命名时，同样需要从消费者的视角出发。

下面，就以咖啡店命名为例进行说明。

名古屋有一家“田中咖啡”，这家咖啡店是我经常去的地方。如字面意义所示，这家店的店名在日语里是“田中先生经营的咖啡店”的意思。实际上，这家咖啡店的确有一个叫田中的点心师傅，他擅长做各式美味的西式甜点。所以，这家咖啡店的店名非常好记。

此外，假设我也开了一家咖啡店，店名暂且叫“LE CAFE de 理央周”。我们店的经营理念是“法国都市咖啡”，主要面向顾客提供滴滤式咖啡。作为老板，我在这家店上倾注了大量心血和努力，希望营造比“田中咖啡”

更醇厚的法式韵味。

但对日本人来说，“LE CAFE de 理央周”这个店名显然很难记。无论我们店多么独特，如果得不到消费者的认可，结果也是自我满足。

这就像现实生活中的全球顶级餐厅之一“LE CAFE de Joel Robuchon”。“Joel Robuchon”这个名字本身已经成为一种品牌，或者是“Joel Robuchon”能为顾客提供极高的价值，只要满足该前提，开店就没有任何障碍。但是，达到“Joel Robuchon”同等层次的门槛很高。

对一家普通店铺来说，一个吸引顾客眼球的店名非常重要。前文曾经提到，除了让消费者“认知”，唤起记忆，即“想起（recall）”才是最重要的。

“名古屋有什么好的咖啡店吗?”“有一家田中咖啡。”这个过程就是“想起”，而且是回答问题的人脑海里最先浮现出的印象。这被称为“Top of Mind market share”（纯粹想起），这应该是一家店铺经营的终极目标。

归根结底，一切必须从消费者的角度出发。为店铺命名时最好选择便于顾客理解、唤起记忆、容易回想的名字。

SNS社交网站上传播慢的名字火不了

当然，特意起一些名字长、不好记的店名是为了与其他店相区别。

不久前出版的一本畅销书，书名是《如果高中棒球队女经理读了德鲁克的〈管理学〉》，就是一个特殊的例子。

设想一下，如果这本书的书名没有《如果德鲁克》的简称，恐怕不会卖得如此火。实际上，假设有人问购买这本书的读者："你知道《如果德鲁克》的书名全称吗?"估计绝大多数人都答不上来。

正是因为"如果德鲁克"这个简略语经常在媒体或人们的聊天内容中出现，这本书的销路才被打开。所以，名字长不是问题，只要独特，就容易被人记住。这是一种完全合乎情理的营销战略。

最近，Twitter 和 Facebook 等社交平台、Tabelog 等美食点评网，以及前面提到的赚得媒体（Earned Media）的影响力越来越大。

假设你去过一家叫“LE CAFE de 理央周”的咖啡店喝咖啡，发现这家店的格调氛围都不错，于是就萌生了在Facebook 上撰写评价的想法。

这时，假如你连这家店的名字都想不起来，当然无法撰写评价。就算你绞尽脑汁地回忆，也只能模模糊糊地记得这家店的店名里有个“理央”或“de”。但是，到底是“理央”还是“理”，具体细节还是记不清，结果只能不了了之。

也就是说，当消费者向他人提及某家自己曾经去过，而且印象不错的店铺时，如果记不清这家店的店名具体叫什么，那么，这家店的店名注定推广不好。而且对这家店来说，意味着丧失了一次赢得新顾客的宝贵机会。

今后，利用社交媒体推广企业知名度必然成为市场营销的新趋势。所以，从这层意义上分析，无论店铺起名、企业命名还是商品命名，一定要做到简单直接，让人一目了然。

特色商品不需要积分卡

到此为止，本书在分析“通过什么渠道”吸引消费者购买商品时，围绕“表现”和“媒体”两方面进行了阐述。

但是，营销“渠道”战略不仅限于上述两方面，此外还有很多其他途径，比如促销宣传。企业进行商品宣传和促销活动时，当然也要从消费者的角度出发。

促销方式多种多样，主要有面向终端用户提供试用装和赠品促销、分销渠道促销等。

以会员积分卡为例。如今这种促销方式越来越多地被广大商家采用。估计谁的钱包里都有好几张。

那么，商家派送积分卡，就一定能吸引顾客到店消费吗？答案当然不是。

现在，请你结合自己的实际情况来谈谈持卡的感受。

举个例子，假设你手上有一张某意式餐厅派发的积分卡。“我有一张○○餐厅的积分卡，那好吧，今天就去这家店吃饭。”如果是你，你会这样想吗？至少我不会！

假设现在有两家用餐环境、菜肴品质、消费水平都相同的意式餐厅，在决定去哪家店用餐时，大多数人可能会选择去有积分卡的店。但是，对绝大多数消费者来说，是否持有积分卡并不是选择的关键。

所谓积分卡，其实是一种以吸引顾客为目的，进一步讲是以吸引回头客为目的而面向消费者提供的服务。如果商家采用积分制度取得的集客效果不明显，说明这种促销方式的意义不大。

实际上，我们只要仔细想一想这种常见的积分卡或会员积分制度后就会发现：采用会员积分卡或会员积分制度的商家通常是大型家电量贩店和电商企业等。

这些企业主要靠销售“同种商品”来扩大自己的市场竞争力。企业面向消费者提供的商品相同时，为了与竞争对手区别，“价格”往往是竞争的核心关键。这一点在本书第 1 章已经提到。

什么是积分制度？其实质意味着降价。将这种降低价格以赚取积分的形式体现出来，在价格竞争的同时，在自己开设的实体店或网上吸引消费者下次仍选择购买自己企业的商品。

所以，企业提供的商品和服务，如果能为消费者提供独一无二的品牌价值，与采用会员积分制“降价”相比，应该是一种更有效的吸引回头客的方法。

如果你们企业目前正在探讨是否引进会员积分制度，那么请暂缓一步，首先从消费者的立场出发思考更行之有效的手段。

量贩店不卖家电卖什么

前面讲过日本家电量贩店市场的价格战愈演愈烈，但其中，却有一家量贩店以独特的营销战略决胜行业市场，这就是 EDION。

日本家电量贩店在积极引进会员积分制度的同时，为了不放过每一个“希望以最低的价格买到最优质商品”的消费者，各大商家纷纷在店头打出以“顾客可以比价，如果发现所购商品比其他店铺贵哪怕一元，都可就价格问题向本店提出索赔”等为内容的公告，在行业间展开激烈的价格战。

在此基础上，如果消费者希望以更低价格买到质优价廉的商品，还可以先在家电实体卖场看好商品并进行体验。发现中意的商品时，不在实体店购买而在网上检索同种商品，最后在网上商城购买。或者在比价网进行搜索比对，选择最低报价的店进行购买，有时根据实际情况还可能选择购物网站。

这被称为**“展厅现象”**（show rooming）。展厅现象让传统零售商面临前所未有的冲击。

然而，面对激烈的市场竞争，EDION广岛总店除了积极引进会员积分制，还通过试行各种销售手段吸引消费者，成功地提升了企业销售业绩。

“可以从小型天桥上俯视下方的玩具一条街”，EDION广岛总店利用这个别出心裁的玩具卖场设计，吸引了大量顾客举家前来逛展。

另外，EDION还开设了数据教室、平板电脑教室、烹饪教室等文化角，并定期在此举办各种展销活动。面向有购买意向或购买商品后希望提供各种售后应用服务的顾客进行宣传、售后跟踪等服务。

EDION通过打造完善的用户商品操作和应用体验平台，不仅为用户提供家电商品，还提供了使用商品时的舒适度、满意度体验以及售后服务等“价值”，所以在市场降价和价格战中才能够独善其身。

在室内设计展厅体验芳香疗法

在我创办的市场营销学寺子屋[①]中有一位特殊的学生，她是一家从事专业厨房橱柜定做的住宅装修设计公司的女社长。

这个学生早年做过设计咨询顾问，主要为顾客提供住宅、门店及二手住宅翻新等设计咨询。她在爱知县有一家名为“Pas de deux”、兼办公室和室内设计为一体的展厅。这处空间环境明亮优雅，充满女性气息。

最近，听说她在展厅里新开辟了一块空间做咖啡屋，还邀请了几名美食专家和料理教室的老师为到店的顾客提供午餐。

此外，她还专门邀请其他各行各业的资深人士在这间咖啡屋定期举办各种活动。

---

① 寺子屋是日本江户时代由寺院开办的主要以庶民子弟为对象的初等教育机构，提供类似现代的小学教育。现在指私塾，泛指实施各行业初等教育的民间教育机构。

除了美食教室，她还举办家居收纳研讨、流行时尚课程教学，还推出了芳香疗法（Aromatherapy）体验等，内容涉及生活、居住的方方面面，成功地吸引了大批女性顾客到店体验。

来这里参加活动的女性顾客每每来访，总有人不无憧憬地发出“我想要的私人空间就是这样的”之类的感叹。

对日本女性来说，厨房是日常生活的中心。她们想要从这里为家人端出精心烹制的菜肴；想要在这里邀请闺中密友举办一场时尚的家庭聚会。这里是带给家人幸福，满足自己美好心愿的重要空间。而这座展厅通过设置一个咖啡屋为消费者提供了一个能够满足上述美好心愿的空间设计方案。

与2013年相比，通过一系列独具匠心的细节设计和从顾客角度出发的战略导向，“Pas de deux”展厅的销售额成功提升了180%，2014年仍继续维持着上扬态势。

高端商品打造“体验式”营销

上述 EDION 和 Pas de deux 的促销方式是让消费者身临其境地体验商品价值，因此也被称为“体验价值”（experiential）。本书第 1 章介绍的宜家的销售模式也属于此类。

这种重视消费者价值体验的方式由来已久，但是，进入 21 世纪，自哥伦比亚大学商学院伯德 · H. 施密特教授（Bernd H. Schmitt）提出“体验价值”的概念后，这项理论受到热捧。日本钻石社还基于此出版了《体验经济时代的商业秀》（原著书名：*Customer Experiena Management*）。

传统市场营销活动的重点是宣传商品和服务“功能”的差异化，通过宣传商品的功能等特性来达到推广的目的，本质上属于宏观营销。

但是，在当下商品和服务泛滥的销售难时代，对企业而言，除了强调商品本身的“功能”，还应为消费者提供用户体验和满足感等“价值”。这种新型营销模式通常存在于体验价值市场的**“高参与商品”**中。

所谓高参与商品，是指家具、家电、汽车、人寿保险等价格高，在消费者正式决定购买之前，需要花时间多方比较和考虑的商品。这类商品的特点是无法进行尝试性购买，一旦买错，损失巨大。所以，消费者在购买时态度相对谨慎，一般会经过信息搜集、与备选商品比较等阶段。

因此，对企业来说，必须吸引消费者到店体验，把商品功能面不可见的潜在“价值”展示给他们，在此基础上引导消费者主动消费。只有这样，才可能拉近品牌、企业与消费者之间的距离。

相反，所谓**低参与商品**，是指食品、日用品等价格低廉的商品。与经过充分比较后购买相比，消费者大多通过“广告”或根据对商品的“好感”等感觉购买。

因此，高参与商品和低参与商品的营销宣传策略必须根据对象进行调整。

但是，并不是说体验价值市场营销对低参与商品不起作用。

举个例子，如街边的酒吧定期推出红酒免费品尝活动；糖果屋经常根据季节变化推出时令糖果免费品尝活动。这类促销方式的效果都很好。

以酒吧为例，商家可以借推出红酒免费品尝活动的机会，向参与活动的顾客提出家庭聚会、生日聚会等需要红酒助兴的小建议。以糖果屋为例，商家可以在顾客品尝免费糖果时，推荐一些让顾客感受季节转换等与商品功能和价值以外的新价值，以此增加门店的销售收入。

集客优惠券与雨天优惠券的本质区别

前文曾经提到，企业未经充分考虑即试水积分卡制度的做法意义不大。此外，还有一种容易失败的销售方式——优惠券。

在我看来，**面向新顾客发放优惠券的做法基本行不通**。为什么？因为如果面向新顾客发放优惠券，感兴趣的可能只是一些对价格敏感的人。

“反正哪儿的服务质量都差不多，便宜一点是一点。”如果企业争取的新顾客都是这种人，那么无论对企业还是对门店来说，都将很难提供附加值高的商品和服务。所以，这种销售模式应尽量避免。

可是，任何一种优惠券都行不通吗？当然不是。

我家附近有一家味道很好的意式餐厅。我非常喜欢这家店。但一般情况下，我只在下雨天带妻子去那儿用餐。

每次结账时，店里的收银员都会礼貌地说：“感谢您在雨天专程来我们店用餐。”然后赠送我们一张“雨天优惠券”。顾客凭此券可以享受下次用餐全单 9 折优惠，我认为这种方式就很好。

那么，面向新顾客发放的优惠券和雨天优惠券到底哪儿不一样呢？

商家赠送“雨天优惠券”的对象是来店一次以上的顾客。目的是吸引顾客再次来店消费，旨在引导顾客成为回头客，这一点很关键。

企业想要吸引新顾客时，往往会沿袭面向新顾客赠送优惠券的营销思路。但是，在我看来，优惠券最好面向曾经来过本店的顾客发放，并尽一切努力，让这类顾客成为回头客。

本节介绍的“雨天优惠券”的营销思路与本书第 2 章提到的“接待战略”（参见 p65 页）在道理上是相通的，所以，从市场营销战略的角度分析也合乎情理。

“欢迎光临”错误，“您好”正确

以顾客为中心是一种以“热情待客之心”为出发点的思维方式。但是，“热情待客”一定能让卖方在面对顾客时，给消费者留下积极主动地提供服务或积极参与的印象吗？这种观点也未尽然。

我非常尊敬一位叫森令子的企业家。森先生以前做过意大利高端奢侈品销售员，在担任那家意大利品牌的店长时，他曾经成功地使自己店铺的营业额超过了总店。在业界，他的事迹一度被广为流传。

我从森先生的一个弟子口中听到过这样一件事，森先生传授的**最重要的接待之道竟然是“不推销”“不注视”**。

因为是奢侈品，所以一双鞋子售价动辄 10 万日元，一个包动辄几十万日元。

也就是说，作为一名销售人员，绝对不能主动向到店购买奢侈品的顾客推销商品，也不能一直跟在顾客身后盯着他们。即使顾客试穿，也尽量不要主动上前推销或站在旁边紧盯客人。正确的接待方式是避免直接注视，通过镜子观察顾客的反应。

再者，在顾客踏进店门的一瞬间，不要说“欢迎光临”。为什么？因为这个词代表“开始进行销售”的状态。所以，请将“欢迎光临”改成“您好”。“您好”是一句寒暄语，不会成为销售的代名词。

森先生并不是具体教导自己的弟子“不要说欢迎光临，要说您好”。而是让他们学着揣摩顾客的内心，以避免让顾客感到紧张为目的，思考自己应该怎样做。

与顾客打交道多的行业一般都有员工行为规范手册，但是，每位顾客的个性不同、所处的环境不同，购买时的心情也会全然不同。与个性迥然的顾客打交道，一定要学着迎合对方，与他们构建良好的沟通关系。

只有这样才能发挥出热情待客之心。

销售额由老顾客创造

所谓市场营销，就是“构建能使商品自然畅销的机制”。为此，最重要的是与顾客建立持久稳定的良好关系。

让只购买过一次自己商品和服务的顾客成为稳定的老顾客。这种重视建立和发展与顾客之间的良好关系的市场营销被称为“关系营销”（relationship marketing）。

关系营销理论的背景是从“少数优质顾客创造的销售额占总销售额的一半”这一概念衍生、发展而来的。该观点与经济学领域的“二八定律”（帕累托定律，Pareto principle）理论接近，即80%的数字来自20%的要因。

商业的经验法则中也有类似的说法，“假设一家企业有10名员工，其中2名优秀，6名平庸，其余的2名不合格。那么企业80%的利润是由这2名优秀的员工创造的。”

市场营销学也有相同的观点，即关注每一位顾客，建立与顾客之间的良好关系，吸引顾客反复光顾。如此一来，顾客忠诚度和品牌忠诚度（brand loyalty）就会提高，从而提升企业收益。

“loyalty”一词在日语中的直译是“忠诚”，这里特指顾客对企业、品牌和商品的喜爱和信任。

为了让顾客喜欢我们的商品，我们也应该把顾客需求放在第一位，并在此基础上，建立和完善营销机制，让顾客“感受”到我们的诚意。

下文将分别介绍三种关系营销案例。

大到耐克，小到酒馆，都使用大规模定制战略

耐克是闻名全球的体育运动品牌，该运动品牌既深为世界顶级运动员所青睐，又受到世界各国爱好体育的年轻人的狂热支持。耐克品牌商品中，人气最高的当属运动鞋。不论男女，都将耐克运动鞋看作是时尚流行潮流中的必备单品。

购买耐克运动鞋的消费者可以在耐克官网上进行个性化定制，除了鞋子整体的颜色，还可以对鞋带、鞋底、耐克标志（Swoosh）的颜色、花纹、材质等细节进行自由搭配。

在耐克官网上，你可以定制一双世界上独一无二的个性耐克鞋。

这种定制购买方式与定制西装款式相同。商家会提前准备多种选项供顾客挑选。

这种商业运作模式的好处是针对每位顾客的个性化需求量身定制，使订单生产转型为大批量生产，成功地实现

了低成本运作。这种商业手法被称为**“大规模定制战略”**（Mass Customization，MC）。

该战略并非大型企业的“专属”，中小企业一样适用。

比如前文介绍的千古乃岩酒造。每次我有新作出版，千古乃岩酒造的市场部主管都会寄给我一瓶以我的新作封面作为标签的好酒以示祝贺。从本质上讲，这种做法与大规模定制其实没有区别。

耐克运动鞋也好，日本酒也好，只要利用 Facebook、Twitter 等社交平台将自己的特色商品和新商品个性化定制样本放在网上营销，一定会自然而然地扩大影响力。

从这层意义上来说，大规模定制是加强企业与顾客之间的关系的理想途径。

给予一线员工全部权限的电商企业

继大规模定制战略之后，接下来要讲的是小批量生产市场。所谓小批量生产市场，即根据顾客的历史购买记录和需求，调整订单定制内容的市场。

这被称为 One to One 市场。

One to One 个性化服务最具代表性的案例是 The Ritz-Carlton（丽思卡尔顿）酒店公司，丽思卡尔顿酒店以训练有素的员工、精益求精的高品质服务被誉为“令人感动的一流酒店”。

丽思卡尔顿酒店的员工统一佩戴一种叫“CRED CARD”的胸卡。CRED 在拉丁语中有“信条”“约定”之意，在这里的引申义是“企业理念”和“行动指南”。

也就是说，这张胸卡上印刻着丽思卡尔顿酒店员工的使命。佩戴这张胸卡，员工们会时刻提醒自己在严格遵循企业基本理念和使命的基础上行动。

丽思卡尔顿酒店奉行“永远不要对顾客说不”的宗

旨。即使顾客提出不合理的要求，也不要对顾客说不，而是提出其他可行的建议。这种从顾客立场出发提供的优质服务让每一位入住这里的客人为之感动，因此很快在公共社交平台等媒体上传播开来，继而赢得越来越多的好评，最终形成良性循环。

另外，还有一家在实践中应用 One to One 个性化服务的企业，这就是美国最大的网上鞋业销售 B2C 网站 Zappos。

电商客服中心通常有一套严格的操作流程，顾客投诉处理流程是固定的。为了提升工作效率，“受理每位顾客的电话投诉时间要控制在 3 分钟以内”，这是其中一些电商企业的服务要求。

然而，Zappos 把处理顾客问题的判断权全权交给了客服人员。Zappos 的客服人员可以花费更多的时间处理顾客问题直至对方满意为止。所以，Zappos 才能够做到为顾客提供 One to One 的服务。

Zappos 曾经发生过这样一件事：一位顾客在 Zappos 为卧病在床的母亲买了一双鞋作为礼物。遗憾的是，他的母亲不幸病逝了。在接到 Zappos 客服人员发来的回访鞋子款式是否合适的电子邮件时，这个顾客提出要求退货。很快，Zappos 客服人员破例安排了一次上门取货服务，同时还寄给这位顾客一束附道歉函的花束。

这位顾客被深深地触动了，于是不无感慨地在博客中写下了这段逸事。不久，这件事就在网上被迅速传播开来。

尽管在网络这个“虚拟的购物世界”中双方从未谋面，但卖方依然能够做到为买方提供真诚的服务。遵循One to One个性化服务的理念，为顾客提供最合理的定制化服务。可以说，今后通过One to One个性化市场与顾客建立紧密联系将变得越来越重要。

未经许可的电子邮件广告

与顾客建立一对一联系的重要性不言而喻，但是，有一点不要误解——**营销宣传不要引起消费者的反感。**

信息技术的飞跃发展给人们的生活带来了无限的便利，但是，生活中也不乏便利带来的负面案例。

每年，我在出席各种研讨会和演讲活动的过程中，大约需要交换 3000 多张名片。这些名片在某种程度上给我带来了一些困扰。

最近，类似的困扰虽然有所减少，但是，我还会接到不少之前交换过名片的人发来的电子杂志。

尽管这些电子刊物中不乏有用的信息，但第一次收到时，我还是感到有些困惑：“咦，这是什么？”如果发件人事先征得我的同意就罢了，但就这种未经顾客许可的强制营销方式来说，即使卖方推送的信息有用，也很难赢得顾客的好感。

作为卖方，主动推销自己的商品的行为不仅不会有好结果，反而会引起消费者的反感，甚至让消费者每次“想起”这个品牌时都产生强烈的反效果。

为了避免这种情况发生，卖方在推广自己的商品或服务的时候，一定要事先征得顾客的“许可”。

以亚马逊网站为例，消费者每次在亚马逊上购物，都会收到一封系统发来的热门商品推荐邮件。这种邮件是亚马逊网站根据用户的首次购买记录自动发送一封以“您是否希望收到不定期发送的最新商品信息”为内容的征询函，而且仅面向授权目标用户发送电子刊物。

像这样，面向授权用户（permission）发送 DM（电子刊物）的市场活动被称为**“许可营销”(permission marketing)**。

“许可营销”理论由发表了大量市场营销专著的美国

市场营销专家赛斯·高汀（Seth Godin）在《许可营销》（*Permission Marketing*）一书中最早提出。

企业单方面发送的广告邮件容易让消费者产生负面印象，所以，有时以隐性方式进行。但是，企业在推广其商品或服务时，如果事先征得消费者的“许可”，就会打消顾客被强迫购买的疑虑，对卖方产生亲近感，从而促进买卖双方之间的交流。

许可营销中最常见的方式如下：首先，由用户先录入自己感兴趣的商品信息类别。其次，授权营销方在征得用户许可的基础上发送相关商品销售信息。这种推送信息，即“许可式电子邮件”（opt-in email）。这种营销方式的好处是可面向有需求的顾客有针对性地发送价值信息，可以说是 One to One 个性化服务的进化形式。

在我看来，信息技术的飞跃发展给人们的生活带来了无限的便利，但是，尽管“信息推送能力”非常重要，但是，从顾客角度出发的“信息关怀”也必不可少。

为了在信息时代与顾客建立良好的联系，从顾客的角度出发是必需的。

newsletter 营销的特点是不宣传

到此为止，本章围绕三种关系营销进行了阐述。值得注意的是，与顾客之间建立良好的关系仍然需要企业投入大量精力进行维护。

有一家公司在这方面做得非常出色，这家公司能够与只合作过一次的顾客建立起稳定的联系，这就是前文提到的在室内装修设计展厅中加设咖啡屋的“Pas de deux”。

对大多数人来说，房产是一生中唯一一种只购买一次的商品。房产不像柴米油盐，能“让今天买过的顾客明天接着再买”。那么，怎样让这种只会购买一次的顾客成为回头客呢？答案是通过老顾客介绍新顾客。

在这种情况下，经销商很容易犯一个错误，即“向别人推荐自己企业的老顾客会得到一定数额的现金返还（比如 5000 日元）作为酬劳”。这种优惠促销方式本身谈不上不好，但是，即使经销商不提供这种优惠，只要针对“产品质量过硬”进行大力宣传，久而久之口碑自然会传播开来。

“Pas de deux”展厅每个月都会定期向老顾客发送newsletter。邮件只介绍本公司的最新装修案例和顾客反馈，内容中找不到一处推销的痕迹。因为接收邮件的顾客家基本已经装修结束，一般不会再次重装。

那么，“Pas de deux”为什么还要定期向老顾客发送newsletter呢？理由有两点。

第一，引导顾客想起这家公司。通过定期向老顾客发送newsletter，顾客了解“原来这家公司还有这么多优秀的装修业绩”。

第二，让顾客记住公司的名字。举个例子，假设其中一位顾客家里有朋友来访，席间友人称赞：“你家的厨房真漂亮，找哪家公司装修的？”当朋友问起时，主人可以不假思索地脱口而出“是一家叫Pas de deux的公司”。接着，主人会打开新收到的newsletter让朋友看，如果事情发展到这一步，我们的目的就达到了。所以，newsletter的最后一页务必注明自己公司的名称、联系方式、地址等。注意避免“请把我们公司推荐给您身边的朋友”等字句。

这种newsletter并不面向所有顾客发送，而是由“Pas de deux”对顾客名录精心筛选后，锁定其中一小部分顾客定向发送。因为全覆盖式地推送newsletter的效果并不好。

“Pas de deux”锁定的重点顾客仅限近期合作、订单金额高、与本企业投缘的顾客。在此基础上还要进行 RFM 分析、大数据分析，然后有针对性地实施营销活动。

核心是冲击力和使用频率

像上述案例一样，还有一家蛋糕店每月面向特定顾客发送 newsletter，这就是位于爱知县的“citron-vert”。

“citron-vert”每月都会推出一款新款瑞士卷。这款蛋糕采用时令水果和原料制作，比如 5 月推出草莓瑞士卷，6 月推出芒果瑞士卷，这种外观精美的蛋糕在顾客中拥有很高的人气。

“citron-vert”寄给顾客的 newsletter，正面是本月新推蛋糕，背面是一张月历，月历上印有专业营养师制作的食谱和健康小贴士。此外，邮件上看不到一句广告。

这种 newsletter 可以用作日历，贴在冰箱或其他任何人们想贴的地方。另外，美食食谱上还印有“紫苏果汁”等人气美食制作方法，方便顾客参考借鉴。

上述细节设计，令收到这种 newsletter 的人开始不自觉地关注这家蛋糕店。这就会在一定程度上吸引顾客产生购买行为，例如，“这个月我女儿过生日，不如去这家蛋糕店订一个蛋糕吧”。

有过一次购物体验的顾客停止购买的最大原因是遗忘，即本章开头列举的回想失败。也就是说，让顾客认识还远远不够，更重要的是让他们形成记忆，重复利用，经常关注，然后，在与销售方（企业、门店、商品）面对面接触的过程中留下“好的印象”，在此基础上形成以下认知过程，即：

冲击力×使用频率=想起

这就是重点。

在顾客开始产生心理活动和行动之前，建立提前反应的营销机制和宣传攻势，才能让商品自然而然地畅销起来。

关于本章阐述的“渠道”，无论通过广告、PR还是宣传，业界获得成功的案例都告诉我们：企业只有转换传统的“推销和赚取利润”的卖方视角，而从“让顾客满意”“为顾客提供价值”等顾客的角度出发思考问题，才能赢得顾客。

这绝不是空谈阔论。如果企业摒弃以顾客为中心的商业运作，即使在短期内成功赚取高额回报和利润，也难以维持长期稳健运营。大量运营不善和陷入困境的企业恰恰印证了这一点。

从这层意义上来讲，企业围绕营销“渠道”进行决策时，还是应以顾客的角度，更确切地说是从“上帝的视角”出发，这一点非常重要。

第4章

顾客真的想要这件商品吗

——从顾客的角度出发

市场的操盘手只有3个人

到这里，相信读者已经对“①商品；②对象；③渠道”这三个步骤有了充分的理解，接下来，在策应市场实际制定战略时，我们应该注意哪些问题呢？下面介绍一些常见的思路和方法。

商业运作与竞技体育有相似的一面。为了提升自己的竞技能力，职业棒球联盟和选手们必须经历严酷的训练，但是，仅仅通过严酷的训练还不够。

对战双方还需要进一步了解自身的优势和劣势，根据自身情况制定战略对策，否则将无法对竞技过程中不可预知的事态做出迅速反应。

这一点与商场如出一辙。

到此为止，本书对“①商品；②对象；③渠道”营销的思维方法和实践运用进行了系统的阐述。但是，仅仅掌握这些知识未必能够让自己的商品畅销。制订市场营销战略之前必须做好一件事。这件事是什么呢？

客观地分析和把握企业身处的市场环境和发展现状。

只有认清了这个大前提，企业才可能在市场竞争中胜出，才可能避免无谓竞争，才可能切实有效将自己独有的价值提供给目标顾客。总之，就是成功“推销”自己的企业和商品。

企业拓展业务的“市场”有三个参与者，这三者分别是：

●**顾客（Customer）**

●**竞争对手（Competitor）**

●**企业自身（Company）**

通过对各参与者进行分析，寻找问题，就能找到成功的要素。这个过程被称为“3C 分析”，取自三个参与者的英文单词首字母。

首先，顾客是什么？对企业经营来说，顾客就是上帝。如果没有顾客出钱购买，那么市场本身就无法成立。

企业应该思考自己销售的商品，其目标顾客是谁？顾客需求在哪里？除了显性需求，还要挖掘隐形需求。

关于这个问题已经在第 1 章做过说明。

其次是竞争，即企业的竞争对手。

与竞争相同，如果企业推出的商品在各个方面都比同类商品逊色，当然不会被顾客选择。所以，即使从推出差异化商品优势的角度出发，也应该基于顾客的视角，与竞争对手相比较，列出自己的优势和劣势，对自己有清醒的认识。

再次，企业自身。企业自身的品牌、资产配置情况如何？自己的优势、USP① 是什么？怎样把本企业独特的品牌价值提供给顾客？企业必须在充分考虑以上问题的基础上制定营销战略。

① USP，在经济领域上代表独特的销售主张或“独特的卖点”，“USP”由罗瑟·瑞夫斯于 20 世纪 50 年代首创。

要想立于不败之地，必须在竞争中找准自己的位置

有人可能还是会问：虽然了解了这三个参与者，但怎样在综合考虑上述三者的基础上制定市场营销战略呢？

下面介绍一个有代表性的市场营销方法。前文介绍过美国营销学家菲利普·科特勒提出的STP理论，该理论由三个核心内容构成。

①市场细分（Segmentation）：根据顾客需求对市场进行细分。

②目标市场选择（Targeting）：在细分市场中，与竞争对手进行比对，明确企业发挥自身优势的目标细分市场。

③市场定位（Positioning）：围绕为顾客提供的价值进行市场定位。

上述三点的英文单词缩写被称为“STP理论”。该理

论比较抽象，下面就用一个简单的例子进行说明。

前文曾经提到一个叫千古乃岩的酒厂试水礼品市场的案例。

送礼是一门学问，很多送礼的人都希望通过赠送礼品拉近与受赠者之间的友好关系。那么，该消费者的年龄段、性别如何？他们希望通过哪种方式拉近与受赠者之间的友好关系？对销售方来说，首先需要找出上述问题的答案，然后进行市场细分。

该酒厂的市场营销人员经过调查分析发现：送礼的顾客中，一些人更注重所赠送的礼品的档次和受赠者的感受。这类顾客赠送礼品的对象有很多是日本酒爱好者。这就是企业需要定位的目标。

在得出细分市场的容量有一定规模、能够提升企业经营利润的结论后，下一步，即可确定把“本酒厂生产的礼品酒采用梯田大米精心酿制”这一稀缺性作为主打卖点进入市场竞争。

怎么样？为了方便记忆，将这一过程进行简单归纳如下。

①对市场进行细分，找出关键环节。

②明确企业自身的市场定位。

③提升顾客价值。

市场操作思路可不像 STP 理论那么清晰明了。”“顾客需求复杂多样，怎么会如此简单就能对市场进行细分?”对此，一定有人会提出类似的质疑。但是，简单思维有时恰恰是解决复杂问题的最佳方法。否则就无法在实际的商业运营中加以利用。

以 STP 理论为契机进一步思考后就会发现，除了“顾客是什么”“竞争对手是什么”，3C 分析还有其他不同层面的含义。

日本酒的竞争对手不是日本酒，那么图书的竞争对手是什么

绕来绕去，还是回到 3C 分析的话题上。

在听到“顾客”一词时，作为消费者，我们往往习惯性地想到：**“我是为这件商品和服务埋单的人或者可能埋单的人。”**这样想当然无可厚非。

而另一方面，听到“竞争”一词时，人们则很容易联想到**“同行业竞争对手”**或**“同类商品”**。这样想固然没错，但也谈不上完全正确。但是，这里设置了一个按照 3C 分析理论思考时极易掉入的陷阱。

本书从开篇起一直在反复强调一个问题，尽管可能被认为有些啰唆，但是，笔者认为这里有必要再强调一遍：顾客在为购买的商品和服务埋单的时候，期待的不仅仅是商品的功能，还有商品的价值。从这一点分析：市场竞争不一定是同行业竞争对手或同类商品，这一点相信大家可以理解。

以礼品市场为例，如果酒企对目标顾客群的定位是要求“赠送的礼品上档次”，认为档次体现价值的消费者，并以此为宗旨计划在激烈的市场竞争中一搏时，则该酒企面临的竞争对手将扩大为所有礼品经营企业，而不仅仅是其他酒企生产的日本酒。

同样，读者现在翻阅的这本书也一样。

本书的目标读者对象是哪些人呢？第一，以前没有接触过市场营销方面的书籍，希望在工作中运用市场营销理论精髓的人。第二，认为市场营销知识晦涩难懂，但有兴趣了解的人。

所以，针对读者在阅读过程中有可能感到“是不是胡诌八扯”“太过牵强附会”的部分内容，笔者只能耐心地进行说明。这是因为在同类市场营销读物中，本书与面向研究人员和专业人士编写的市场营销读本的目标读者对象不同。

所以，从顾客的角度出发思考，通俗易懂的市场营销类书籍是本书的竞争对手，但除此之外，比如面向新入行的人举办的市场营销入门研讨会，一看就懂的关于市场营销的技巧和体会等博文，以及所有满足受众了解市场营销精髓需求的形式都是本书的竞争对手。

如上所述，我们在进行 3C 分析时，同样应该从顾客的角度出发，寻找顾客最需要的需求和价值，在此基础上，思考**自己真正的竞争对手是谁？自己能够为顾客提供什么样的商品？**

如果忽视这些问题，就可能发生目标顾客定位错误，陷入市场竞争的错误区域，甚至丧失自己真正的“优势”。

手游，几家欢喜几家愁

谈完市场竞争优势问题，下面再介绍一个著名的市场营销分析方法。

这就是对企业和商品进行分析时最常使用的“SWOT分析”。关于“SWOT 分析”的论述很多，相信大家都听说过。本节要讲的 SWOT，由以下 4 个英文单词的首字母组成。

●**优势（Strengths）**

●**劣势（Weakness）**

●**机会（Opportunity）**

●**威胁（Threat）**

优势和劣势分析，如字面意义所示，主要着眼于企业自身的优劣势、企业规模、品牌形象、商品力等，属于企业内部环境要素，可以通过努力得到强化和改善。

另一方面，机会和威胁指经济、政治、法律法规等企业无法掌控的外部环境要素。关于这一点有必要进一步说明。例如：对一个企业来说，外汇汇率就是无法掌控的外部要素。

举个例子，假设日元开始升值，与日元贬值期相比，企业可以以更低成本购买进口商品。结果，对于从国外进口日用品的精品店和使用进口食材的西餐产业来说，受日元升值影响，进货成本下降，企业盈利则会增加。

所以，对这些企业来说，日元升值意味着“机会”。

相反，对汽车制造等出口型产业来说，日元升值导致车企在海外的价格竞争优势降低，使日本本土汽车产业处于不利的国际竞争地位。当然，日元升值对车企来说就是“威胁”。

此外，还有一个机会和威胁的例子，这就是“使用智能手机玩手机游戏的人增加”对公众平台游戏意味着“机会”，对街机游戏（Arcade）则意味着“威胁”。

在进行SWOT分析时，应注意把各种外部因素对各企业的影响进行评估。

由此可见，机会是扩大市场的要因或扩大的市场。威胁是缩小市场的要因或缩小的市场。在这些外部因素的影响和制约下，企业应认清自身的优势和劣势。

优势、劣势、机会、威胁，把这4个要因按2×2矩阵进行排列，然后将企业的各种战略要素有机地结合起来进行分析的方法被称为“CROSS SWOT”（交叉SWOT分析）。

这一分析法将纵轴设为“优势”和“劣势”，将横轴设为“机会”和“威胁”。具体可参见下页图。

如图所示，首先，该图的左上角是企业自身的优势和机会。企业怎样发挥自身优势？怎样最大限度地利用机会？对此，企业**必须积极展开攻势**。

其次，该图的右上角是企业自身的优势和面临的威胁。这块区域是企业的优势，同时也不排除市场缩小的可能。因为市场需求减少，所以，企业应该找出“与竞争对手的差异点”，即**采取差异化战略**。

再次，该图的左下角是机会，同时也是企业的劣势。对企业来说，这时应充分评估自身劣势，思考怎样才能抓住宝贵的机会，并根据情况**制定阶段性策略**。此时，即使处于市场扩张期，也很难超越有优势的竞争对手。所以，正确的思路是**从小做大**。

最后，右下角是企业的劣势，也是企业面临威胁的薄弱环节。企业竞争力弱，市场规模趋于缩小，面临高风险压力。此时必须设想最坏事态，思考怎样避免最糟糕的情况出现，**选择退出市场或保守经营**。

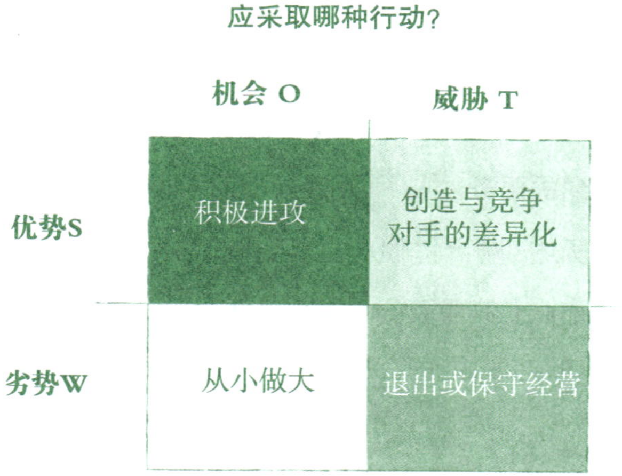

如上所述，应根据 4 个要因提炼出问题，思考怎样发挥企业自身优势，抓住机会，克服劣势，消除威胁，并在此基础上制订营销战略。

但是，即使运用SWOT分析和矩阵图等思维工具得出了分析结果，比起妥协地接受企业经营现状及优劣势，更应该带着怀疑的态度探究**“情况真的如此吗?”**

以前文介绍的自行车专卖店BIKEEGG提升门店销售业绩为例，BIKEEGG是一家只有2名员工的小微企业。

企业制定未来发展战略时，人手不足通常是一个“劣势”。但是，BIKEEGG把规模小的劣势转化为“优势”(应变快)，针对仅有的2名员工，对能干什么和不能干什么进行了深入探讨。

在此基础上，BIKEEGG进一步发挥自身优势，以特立独行的姿态制作风格新颖、吸引人的宣传单，并为顾客提供细致周到的服务。

如上所述，跳出“僵化思维”的怪圈对于陷入激烈市场竞争的企业尤其重要。

星巴克、麦当劳和便利店有哪些不同

运用 3C 分析和 SWOT 分析法制定企业战略时，必须搞清自身与竞争对手的区别是什么，即找出双方的差异点。为什么？因为差异点就是“区别”，也是“优势”的根源。

但是，在这个商品、服务和信息泛滥的竞争时代，即使想找出造就“差异点”的关键因素，实践起来也并非易事。不管商品还是价格，即使有“差异”，也会很快被竞争对手竞相效仿或改头换面。

所以，**企业在找出差异点的同时还要抓住“共通点”**。

下面就以星巴克为例进行说明。

星巴克面临的市场竞争不仅限于同行业竞争，此外，如①麦当劳，②超市、24 小时便利店贩卖的速溶咖啡，③咖啡店等也在为消费者提供咖啡。

对此，大家的看法见仁见智，这里我将这些意见简单整理了一下。

首先，麦当劳和星巴克的共通点是方便、价格低廉。差异点是星巴克除了有价格优势，而且咖啡品质醇正，环境优雅，服务品质一流，是消费者休闲放松的好选择。

其次，超市和便利店销售的商品是速溶咖啡。与星巴克的共通点是方便、价格低廉。差异点是星巴克提供喝咖啡的场所，商品种类丰富，而且是现磨咖啡。

最后，街边的咖啡店。与星巴克的共通点是为消费者提供了休闲放松的空间和高品质服务。差异点是星巴克更方便、快速、价格低廉。

话说到这里，我们更可看出当消费者“想喝咖啡”时，从众多备选项中选择星巴克的理由往往是“方便、价格低廉、咖啡品质考究、环境氛围好”。

打造“个性”，先从共性找起

这里需要注意的是，一件商品或服务提供的价值有很多侧面。

在听到“优势”这个词时，人们的第一反应往往会联想到占绝对优势的某个独立的要点。

常言道，“与其修正弱项，不如提高强项”。这样理解不能说一点都不对。但是，即使企业把商品唯一的优点无限放大后进行宣传，消费者也会在“综合权衡”的基础上做出判断。所以，企业不能只凭借仅有的优势吸引顾客选择自己。

我们偶尔会在一期电视节目上看到介绍某个“店内环境较差，但菜肴味道绝佳”的人气餐馆。这种情况并不多见，因为这种餐馆能上电视通常是这家餐馆的老板风趣有魅力等特殊原因。正常情况下，一个环境整洁、温馨舒适的餐馆吸引顾客进店的概率更高。

为顾客提供好吃的菜肴固然是餐饮行业生存的前提，

但是消费者外出就餐，不仅是品尝“美味”，还想“获得放松”“体验格调”“尝试新事物”等。

所以，一家企业要想在竞争激烈的市场上立足，成为为顾客提供独特价值的存在，就不要把鸡蛋放在一个篮子里，应该广撒网多钓鱼，通过提供多重价值组合，打造自己的特色。从星巴克的例子来看，这一点应该不难理解。

如上所述，为了寻找和发现属于自己的“蓝海”，确立区别于其他企业商品的“个性”，就要找出自己与竞争对手的共通点和差异点，进行正确的比较，并把握实质才是真正的捷径。

哈雷摩托是机动车，但更像“人”

前文多次提及的德鲁克教授说过一句话：“要想知道我们的事业是什么，就要先了解顾客，因为事业是由顾客决定的。”

我是这样理解这句话的：我们是否向顾客提供了他们真正想要的商品？我们是否满足了顾客未被满足的需求？我们是否在市场上推出了超过顾客期待的商品？

提供超过顾客期待的商品与打造“差异化”密切相关，但实现起来非常困难。

那么，我们应该如何思考这个问题呢？这里，我有一个方案。

与其追求差异化，不如打造独特性！

所谓差异化，是在日趋激烈的市场竞争中，使本企业的商品和服务优于同类商品（竞争对手）。

什么是独特性？就是在市场上推出其他竞争对手没有的商品或服务。实现这个目标的门槛很高，需要投入大量精力，群策群力，做好多手准备。第 1 章介绍的创新和寻找蓝海就是很好的例子。

当然，这里不是指试水新领域。而是在不偏离主营领域的基础上，为顾客提供独特的价值。

这时，最好学会用讲故事的方式向顾客进行商品销售。

关于这一点，可以参考《品牌优势战略》（钻石社出版）等书。此外，美国经济学家、市场研究专家戴维·阿克（David A. Aaker）的研究可以提供借鉴参考。

与人的个性千差万别一样，品牌呈现的不同特性被称为“品牌个性（Brand Personality）”。品牌也有诚实、刺激、能力、品位、质朴等人格特征。

例如，当我们听到美国摩托车制造企业“哈雷摩托”的瞬间，了解该品牌的人会立刻产生男人味、刚毅、坚韧不拔等强大而独特的品牌联想。另外，听到“爱马仕”时，人们往往会产生优雅考究等品牌联想。

大家可以试着想想其他品牌以及该品牌呈现的个性，结果就会发现：**知名品牌、经久不衰的经典品牌往往具有丰富的品牌内涵，同时还呈现出特殊的人格特质。**

什么是品牌？当该品牌以不同于其他的人性特色、人格特质而独立存在时，其品牌价值就会受到公众的认可。

对企业来说，必须想办法将品牌拥有的这种人格和个性转变成品牌故事传递给大众消费者。

两种方法探究顾客心理

在进行前文叙述的各种分析时，“市场调查”是必不可少的环节。制订市场营销战略时，我们经常会碰到一些绕不开的问题。

为了搞清这些问题或收集素材做论证，就需要进行相关市场调查。前文曾经提到，市场调查必须经过一系列具体而周密的操作过程来实现，而不能草率对待。

下面针对市场调查方法进行说明。

这里需要注意一点：“还没有搞清楚问题或课题是什么，总之先调查了再说”的“调查为先主义”的思维方式不可取。

所谓调查，是指企业自己的商品或服务存在问题，以解决问题为目的实施的调查活动。具体过程是：假设→调查→逐个验证→解决问题。

相反，如果还没有搞清楚课题和假设具体是什么，“凡事先调查了再说”，只能称之为本末倒置。实施调查前，首先应搞清楚为什么调查、调查的目的是什么……

市场调研方法是把通过调查研究取得的信息分成两大类。

一类是量的调研，另一类是质的调研。

所谓量的调研，是指数据调研，即用数据呈现结果的调查。因为用数据来表示调查结果，所以，这种调研方式的特点是客观，易于从整体上掌握。

举个例子，消费者使用某种商品的试用装后，当问到“您会购买这件商品吗”的时候，得到的回答大致如下：“①会，占 50%；②不会，占 30%；③不好说，占 20%”，这就可以用数据表示调查结果。

另一类是**质的调研。这种调研方式不能用数据表示，是一种针对体验所做的调查**。

通过质的调研，可以获得受访者的真实想法。

这个问题同样可以通过派发商品试用装的途径得到验证，在消费者使用某种商品的试用装后，通过询问“您用过这件商品后，感觉如何”等问题，引导顾客说出自己的真实感受。

如上所述，在进行市场调查的过程中，根据需要和具体情况设置问题并收集数据能够发挥巨大作用。

那么，怎样在实践中运用以上两种调研方法呢？

作为一种市场营销战略，有时商家会举办新的广告宣传活动或进行广告设计等，这就相当于一切从零创造。此时，如果打出的广告效果不佳，就会导致巨额成本流失。

所以，我们需要提前进行市场调研，对消费者的接纳度进行摸底调查。

早年我在英美烟草集团（British American Tobacco，简称 BAT）担任烟草品牌经理，负责销售“好彩香烟”（Lucky Strike）时，为了扩大市场份额，曾经举办过一场新品发售会。

举办发售会之前，当然需要进行新品宣传广告设计，但是，通过制作广告文案使准备在市场上推广的新商品品牌形象具化后，我们得出的结论是“如果在日本国内投放该广告，在喜欢竞争品牌的消费者中，大约有 1%的人会转而选择好彩香烟”。

为了验证这个结论，我们开始进行质的调查。

调查过程中，将回答问题的受访者称为“样本”。通过让样本观看新商品宣传广告，听取并收集到了“设计精美”“LOGO 的红色用得有点刺眼”等意见。

接下来，我们在本土正式投放了广告，为了对看过该广告后改变香烟品牌的消费者人数进行调查，我们紧接着又开始进行了量的调研。

让竞争品牌爱好者的 1000 名受访者观看新广告作品后接受问卷调查。调查问卷的问题设置以选择题为主，受访者只需回答“是”或“否”。如果回答“愿意尝试好彩香烟”的受访者有 50 人，则说明吸烟者更换品牌的概率为 5%。

如上所述，我们先根据质的调研和量的调研两项结果对假设进行了验证，随后开展了更准确的市场宣传活动。

进行市场调研和分析的目的就是为了倾听消费者的心声，从中了解和发现顾客真正的需求。

广告宣传，说起来简单做起来难。因为顾客未必会把自己真正的需求告诉我们。但是，“真正的答案”只有在顾客身上才能找到。当我们彷徨失措、举棋不定时，必须从顾客身上寻找答案。

这时有一个窍门——**不要让顾客跟着我们的思路走。**

在此基础上，**通过有技巧地提问洞察顾客的真实需求**。

举个例子，如果调查方围绕顾客满意度直接询问："您对我们提供的服务是否满意？"一般人只会回答"满意"。所以，请试着把上述问题改成"请问我们有什么让您感觉不满意的地方？"这样一来，顾客更容易说出真心话。

以前文介绍的搬家公司——"搬家第一"为例，该公司的员工每次工作结束，都会让顾客"对自己的服务做一下评价"或者让顾客"协助填写一份顾客满意度问卷调查表"。拿到顾客反馈后，该公司会立即安排在次日晨会上针对业务改善听取员工意见。

另外，日本餐饮业和出租车行业也有让顾客事后"进行服务评价"等问卷调查形式。这种方式不仅可以对从业人员起到约束作用，还能通过听取顾客反馈有效提升服务品质并促进服务持续改进。

从消费者的观点出发其实不难

总之，如果不了解顾客的真实需求，就无法从顾客的角度出发思考。一句话，说起来容易做起来难。那么，怎样了解顾客的需求呢？要点有二。

第一，**让自己完全变成顾客**。所谓买卖双方，仅仅是因时因地的区别。卖方改变角度，就能从顾客的角度出发思考问题。

从不同视角出发成为顾客

所以，卖方必须试着从顾客的角度出发体验。这与丰田模式的“现地现场”理论有相似之处。“现地现场”倡导每个人都要深入现场，彻底了解事情发生的真实情况，并基于事实进行思考。

前文介绍了一些很好的例子，比如，优秀的市场营销人员会深入顾客可能去的场所实地体验和了解情况。“BIKEEGG”的店长也曾经亲自前往学生家长（妈妈团）吃午餐的现场进行观察，最终规划出了一套共同购买方案。

Demographic 和 Geographic，即人口统计学因素和地缘因素可以通过收集信息获得，但是，Behavior（生活方式）、Psychographic（价值观）、Inside（心声）只能通过深入现场，观察体验事情的真实情况来了解。

早年我担任品牌经理时，当时“好彩香烟”的主要目标消费群体是 20 岁出头、在市中心居住的年轻男性。仅从人口统计学因素和地缘因素分析，当时我们最大的竞争品牌是“万宝路香烟”。

于是，为了调查目标消费群体的日常行为方式和关注点，我准备深入此类顾客群体的主要活动区，亲眼了解真实情况。

就这样，我开始频繁出入银座、六本木的香烟专卖店，造访夜店和 Live House（现场演奏音乐的场所）。结果发现，选择我们的竞争品牌“万宝路”香烟的消费者更喜欢与同伴一起吞云吐雾。而选择我们的品牌“好彩”香烟的人则更愿意在独处时享受指尖的烟雾缭绕。

通过调查，我开始在脑海中清晰地勾勒出了目标顾客的形象，我们的品牌受众与竞争品牌爱好者之间的“差异”，以及选择营销“渠道”时，最打动顾客的宣传方式和最理想的宣传媒体……

这与我在亚马逊担任市场营销主管时的情况相同。亚马逊属于一家网络电子商务公司，所以，没办法像在“好彩香烟”时一样深入现场，通过自己的双眼观察市场的真实状况。调查消费者的“购买过程”比较困难。

因此，只能通过自己购买进行客观判断。这时的竞争对手是乐天、雅虎等电商企业，我的方式是同时在乐天、雅虎和我们自己的网站上购买商品。在实际购买过程中发现各自的优势和劣势。

在这种情况下，为了解目标顾客的真实心声，最好的方式是进行“模拟体验”。

总之，了解顾客的真实需求和价值观非常困难。所以，建议先设定某一个特定的消费者，根据该设定人物一天的行程和行为模式填写和制作表格。比如，这个人早上起来干什么？平时翻阅何种报纸杂志？喜欢看哪种类型的电视节目？兴趣爱好是什么……把这些内容一一记录在表格上。这样一来，更容易勾勒出一个具体的顾客形象。

让 Wii 畅销的“原点力”

从顾客角度出发的另一个要点是**找不到出路时“回到原点”**。

搞清自己的企业要做什么？企业发展的目标是什么？商品开发的意义是什么？企业为什么存在？带着这些问题“回到原点”，重新思考。

人在商场身不由己，当市场竞争日趋激烈，销售业绩停滞不前，企业盈利放缓时，大多数人会把重点放在战胜竞争对手上，却忘了企业发展的初心。

于是，这些企业或者陷入没有结果的竞争，或者仓促涉足新领域，结果距离初心越来越远。

有一个很老的案例，早在 2000 年初，家用游戏机行业中，微软的 Xbox、索尼的 Play Station 等，各家用游戏机生产企业纷纷摩拳擦掌，准备在提升游戏机性能和向市场推出高端商品上施展一番拳脚。

产生这种情况也是由于一些游戏玩家对于游戏画面追

求逼真效果的缘故。因此，游戏机生产企业的这种做法也不能说是绝对错误的。

但与此同时，另一部分玩家对游戏的需求是操作简单、明白易懂、充满乐趣、老少皆宜、全家娱乐的家庭游戏商品。

其中，任天堂就推出了一款性能一般的“Wii”。这款游戏机操作简单，并加装了许多适合全家人一起玩的游戏软件。这说明了任天堂认真研究了顾客需求，满足了顾客对家用游戏机的期待。因此，这款商品让消费者趋之若鹜，在全世界引发了热潮。

如上所述，企业只有重新回到原点，才能真正实现由卖方市场向买方市场的转变。

第5章

了解“畅销公式”的人

——先学习，后实践

100 个人里有 10 个人会去实践，而成功的只有 1 人

市场上关于市场营销方面的书籍数不胜数。每一本书都从不同角度对市场营销方面的问题进行了分析阐述，读者可以从中学到很多专业知识。

但是，读书不能不求甚解、纸上谈兵。如果学到的思维方式和知识不能在实践中运用，不能转化成工作上的成果，读书就是一种浪费。

在实践中行动，才能在工作中体现成效。

每年，借参加研讨会和讲座的机会，我会接触 1000~2000 人。

根据我多年总结的经验，举个例子，我主持的研讨会的参会者大约有 100 人次。其中，听过讲座后会在实践中运用的人大约有 10 个人。也就是说，仅有 1 成的人会把我的理论转化为实践。

而这之中，最后取得成果的只有一个人。因此，成功的概率是 1%。有人肯定会说：“这个成功的概率是不是太

低了？”

但是，其实这里有一个数字魔术。听讲座的100个人中，有10个人实践，在实践的人中有1个人成功。

也就是说，实际的人中，成功的概率不是1%，而是10%。成功率提升了10倍。

我在研讨会和讲座上说的最多的一句话就是：“打算明天再做的人是傻瓜！”这句话对应的英语谚语是“Now or never”。现在不做，更待何时？

行动还是不动——这是走向成功的第一条岔路口。

做出成绩的人有三个共同点

在我亲眼所见的案例中，取得成功的人身上有三个共同点。

第一，**付诸行动快**。

我举办的讲座一般一个月一次，前后持续半年时间。每次，我都会给参会者留一道作业题。讲座组织方会在SNS上设专栏交流，然后在次月讲座开始前让大家提交各自的作业。

当时，我的学生中有一个开美容养生沙龙的老板，这个人做事雷厉风行。

讲座通常在下午6点左右结束，之后学员们会聚在一起聊半个小时，相互交流感受，然后一起前往预定的饭店参加联谊会。这个学员有点与众不同，每次趁我们闲聊的半小时，她已经早早做完了功课，并且第一个在SNS上发帖。

对一般人来说，课堂上听过的内容，只要隔一段时间，就会忘记或者不再实践。有句俗话叫“趁热打铁”，把所学的知识变成自己的东西输出，这个过程有多快很重要。

第二，**坦率**。

那些听完讲座后，口口声声宣称“这个我知道”“这以前我也听说过，对学习没什么帮助”之类看法的人一般不会付诸实践。

一个人，无论他有多么优秀，读了多少书，听了多少讲座，没有实践就没有成功。那些做出成绩的人，取得成果的人，只要不懂，就会坦白地提问，然后踏踏实实地实践。

第三，**热爱学习**。

这里所说的热爱学习不是读死书、死读书、见到讲座就报名参加的意思。

工作没有“终点”。在市场营销的世界、商业的世界，如果不能适应环境，不断改变自己，及时调整步伐，很快就会被消费者抛弃。

所以，怎样让顾客满意？怎样打动顾客？怎样提供好的服务？我们必须贪婪地吸取一切问题的答案。

面对问题，积极主动地收集信息，勇于出击，才是“热爱学习”。

我从自己的思路出发对上述问题的要点整理后如下：用矩阵图描述虽然有点夸张，但可以直观地看出在市场营销领域，“学习”和“实践”这两个横纵轴也很重要。

很显然，第一，“先学习，再实践”的人成功的概率明显增加。第二，“不学习，埋头实践”的人可能成功，但成功的概率不会太高。

第三，“只学习，不实践”的人以及第四，“既不学习，也不实践”的人注定不会成功。所有的原因都可以归结为一点——不实践！

不要盲目效仿成功案例

本书列举了大量案例。原因是对理论和学说仅仅做到理解，还不等于真正理解其含义。

通过具体案例的介绍，我们才更容易认清和了解自己面对的问题。

本书列举的几个成功案例的主角无一例外，都是进取心强、意志坚定的人。此外，他们都能做到“从基础做起，奉行实践”。

基本功越扎实，运用就越得心应手。

人必须学会适应各种环境，逢曲就曲遇直便直。不能变通的人，如果还抱有一颗积极向上的心，就请你学着重新审视自己。

那么，“从基础做起，奉行实践”到底是什么意思呢？

当然不是把本书列举的成功案例拿到现实中原搬照抄。模仿他人（一个人的成功经验）不可能行得通。

另外，市场上有很多论述市场营销理论的书籍，其中列举的案例不胜枚举。世界上的众多经济学家、市场营销研究家都在努力地对各种案例进行汇总分析，进一步总结成普遍化、体系化的理论知识。

这里有一个我们最容易犯的错误，那就是模仿成功案例的“模式”，而不是学习其“思路”。

市场营销类书籍或专业研讨会上介绍的**成功案例几乎都是成功人士们通过自己的大脑思考、思考、再思考后，在实践中总结出来的成果**。从这层意义上讲，成功案例无一例外都是独创的产物。

本书也一样，前文曾经一再强调一个企业要想让顾客选择自己，就要创造独一无二的价值，即打造自己的特色。

但是，由于人类与生俱来的惰性，所以，看到他人的成功，我们往往倾向于按图索骥地拿来为我所用。

于是，各种山寨商品、山寨主页、山寨店铺齐上阵。

类似的例子在生活中随处可见。

如本书所述，首先，尽管现实中不乏例外，但是，为了占据顾客心中“品牌认知度和市场占有率”的第一位，形势往往对先驱者更有利。

其次，为了成为先驱者，就要像本书第 4 章介绍的那样，重视“独特性”，提供独特的价值。

那么，我们应该怎样从众多成功的案例中学习其中的诀窍呢？这里有一个好的思维方法。

首先，为了选取与自己情况接近的案例学习和实践，必须**果断舍弃那些**在书本上、研讨会上、学习会上学到的没用的内容。其次，选择其中能够打动自己的案例。

然后，从剩下的内容中，筛选出那些与自己面临的问题相似的、对自己来说重要的部分。

接下来的步骤很重要。对拣选出来的案例进行重点分析和思考：观察这些案例的思维方式是什么？背景和理论分别是什么？

有的案例比较特殊，只介绍案例，对背后的思考方式没有逻辑分析，这种情况很多。这时，就需要我们对**“这些案例中的成功人士通过哪些途径最终找到这样的实践方法”**进行深入分析。

无论某个学者的一家之言是否正确，掌握基本思路无疑是正确的。

只有理解案例背后的理论，才能客观高效地分析问题，找出解决方案。

我曾经在美国商业学院学习过大量理论框架，最初进行案例讨论时，学习的难度（讲义的前提——作业已经超出我的能力范围）和运用理论解决实际案例的灵活性，即MBA思维方式几乎是一道我跨不过去的坎儿。

但是，当理论学习逐渐变成运用自己的大脑思考“解决方案”并养成习惯时，思考便不再困难（我甚至开始享受这个过程带来的乐趣），而且开始试着在工作中运用市场营销理论。

就这样，我在实际工作中不断积累经验，在这一过程中，原本普普通通的我（经历了一次又一次的失败）终于在商业运作中逐渐提高了成功率。

市场营销领域一样有天才，但是，即使这些天才因为其与生俱来的优势被载入教科书或者被新闻媒体大肆渲染，这个世界上还有很多尽管没有沐浴特别的荣光，但却切实取得了成功的普通人。

学习—思考—实践—行动。如果一个人只想不做，则什么都不会改变。只有行动，才能引导我们走向成功！

每个人都应该了解“畅销公式”

我希望这本书除了企业市场部，销售、人事、行政、财会等所有部门都能人手一本。

为什么？因为这本书所说的一切与企业运营息息相关。归根结底，市场营销就是经营本身。

我并不主张“每个人都从经营者的立场出发思考问题”。而且，即使学了市场营销，人们日常的工作内容也不会改变。

但是，当你掌握了市场营销的思维方式后就会发现你对工作的理解将变得更加深刻，更容易接近顾客的判断。

举个例子，销售部的员工整天为怎样提升业绩烦恼。没有谁喜欢强买强卖，作为卖方，你越急着把商品推销出去，顾客就跑得越快。

但是，当你掌握了市场营销的思维方式，就会从顾客的角度，而不是企业角度出发推销商品。

当销售人员试着一步步拉近与顾客之间的距离，即使

不刻意引导，顾客也会主动购买你们的商品。

或者，作为一名销售人员，当你面前摆着一张密密麻麻的顾客名录，不知道从什么地方下手时，只要掌握市场营销的思维方式，你就能对这张顾客名录展开细致调查。结果，与漫无目的地进行推销相比，不但你的工作效率会显著提升，业务也能顺利开展。

那么，人事部为什么需要这本书呢？如果你负责建立人事考核制度，就可以在现有的业务考核体系中增加一条以“是否从顾客的角度出发思考”为内容的评价标准。对奉行顾客至上的员工进行正面评价，必然会对企业整体产生良好影响。

另外，录用新员工或进行人事调整时，你可以重点录用那些基于顾客视角开拓业务的人。配备什么样的人员？能否为顾客创造更高价值？创造的价值是否独特……这些问题你都能想到。

那么，财会部又如何呢？

对一线推销员或制定营销战略的管理者而言，如果“希望进行大规模的广告投放”“希望得到更多的宣传预算经费”，确保预算经费到位也是一项重要的工作。

而相反，会计的思路则完全不同，因为财会部的工作重点是控制成本，所以，你必然遭到财会部的拒绝，“这么多经费从哪儿来？”“广告宣传费必须削减”……因此，企业财会部和市场部之间经常争执不休。

但是，如果财会部的人了解市场营销知识，理解广告宣传的内容，就会做出“提升新商品的市场认知度必然需要前期投资”等积极表态，从而推动财政预算的顺利执行。

交给市场营销部单方运作负担过重

惠普公司的创始人之一戴维·帕卡德（David Packard）有一句这样的名言。

市场营销太重要了，所以不能只留给市场营销部门来负责！

再优秀的企业市场营销战略，也不一定能够成功。为什么？因为如果一家企业的生产部、销售部、人事部、财会部等管理部门，即企业各部门无法形成凝聚力，就无法将自己的价值传递给顾客。

所以，让每个部门的每个员工学习市场营销，掌握市场营销的思维方式非常重要。

用顾客视角改变企业

我在亚马逊学到了一件事——这就是“顾客中心主义”。

当大多数经营者强力推崇“提升顾客满意度”“奉行顾客至上”等理念时，亚马逊创始人杰夫·贝佐斯（Jeff Bezos）从截然不同的视角对顾客中心主义进行了阐释。

企业所有的决策应以顾客为标准！

我在亚马逊工作时，记得他经常告诫员工一句话：“将顾客体验价值最大化。”顾客在亚马逊网站的购物过程应该是愉悦、方便、快捷的购物体验。我们需要把这种体验最大化地提供给顾客。

贝佐斯的这种坚持始终的精神令人钦佩。

那么，怎样像亚马逊一样将“顾客至上”的思想落实到实际工作中呢？

答案很简单，就是成为顾客，从顾客的角度出发思考和行动。

把顾客至上的思想渗透到企业的经营理念中去，企业必将蜕变。

为顾客创造什么样的价值才能让顾客满意？如何创造超越顾客期待的价值？当这些成为每个企业人思考的问题，你们的企业就会被顾客选择，就会成为顾客口口相传的有魅力的企业。

与此同时，你们企业的价值观、宗旨与使命也会传递给顾客。

随着市场营销学理念的渗透和推广，你们的企业就会蜕变成一家营销型企业（Marketing Company）。

后记

由于工作上的关系，我经常需要与形形色色的企业、商品以及实体店打交道，这为我提供了大量近距离观察他们的机会。有时业务进展顺利，有时很难按预期计划进行，面临的情况千差万别。

当然，从市场营销的角度来看，“○○企业怠于思考营销策略啊……”“○○商品没有考虑顾客的感受吧”等，类似的例子不少。但是，大多数人都在时时刻刻为提升业绩而努力。

那么，为什么很多事情往往不遂人愿呢？

深究起来就会发现问题大多出在细节上，很多失败的案例“令人扼腕”。而那些让人遗憾的细节其实只要稍加调整、改变思路或者在方式方法上下一点功夫，就可能带领企业走出低谷、重回正轨。

那么，这些让人惋惜的问题为什么发生？或者说被人忽视了呢？与读者朋友们一起思考，这就是我编写本书的初衷。

除了市场营销类书籍，市场上论述商业运营管理的技巧和信息比比皆是。大多数理论通过努力学习，对提升个人营销能力都很有帮助。

但是，随着商业方法论朝着专业化、高度化、细分化的方向发展，当我们需要参考其中一些理论时，就会为不知从何入手、学习什么而困惑。另外，当我们忙着思考怎样在实际中运用这些理论时，反而容易忽略其中真正能够发挥效果的方案。

竞技体育的世界也一样，随着时代的发展，体育选手们需要掌握的技巧和难度越来越高，教练们需要学习的战术战略越来越难。但是，最重要的还是基础。一个连球棒都握不住的人，突然被生拉硬拽地当成专业手选派上场参赛，结果可想而知。

这本书是我根据以往在商业学院学到的知识，以在一些外资企业和大企业经过实践运用总结的市场营销思维工具及实际经验为基础，用最通俗易懂的方式围绕怎样掌握“畅销公式”的基础进行分析解读的心血之作。这本书除了面向在大企业就职的人，如果在民营及中小企业就职的人能够结合“自身情况”选择性地阅读其中一些篇章，相信也应该能够从中找到一些对实际工作有帮助的内容。

当然，阅读这本书必然能为从事商务活动提供一些有益的参考。此外，如果读者朋友们能够从书中介绍的大量成功的市场营销案例中学习思维方式，相信一定会有更深的体会。

所以，本书额外列举了一些同类参考书籍和著者。希望读者朋友能够广泛的接受各类知识、拓宽视野。当您从事商业活动或在市场营销的世界取得成果时，一定会感到其中的乐趣。

最后，希望读者通过本书能够找到适合自己的“畅销公式”，真心祝愿大家通过实践取得可喜的成果。

谢谢！

2014年9月

理央　周

译后感

翻开这本书，仿佛进入一个似曾相识又陌生的行业领域，作者引用了大量的事实和案例，阐述了什么是畅销商品，一个企业怎样准确定位自己，怎样让自己的商品从商海中脱颖而出，怎样在这个世界经济暴破的时代谋求长远的发展，畅销商品与顾客视角之间的内在联系是什么，企业怎样探求寻找属于自己的“蓝海”等诸多问题。

“时移则事易，因为之备”。顾客的需求随着时代的发展不断变化，现实环境要求企业把目光从市场的卖方转移到买方，与其同竞争对手死拼，不如从顾客的角度出发，摆脱已知市场空间的血腥竞争，开创新的市场空间。

我认识的一个朋友这样评价中国企业的现状：“在中国能干什么？我们的市场模式似乎在重归基础农业，我们的商品在国际市场上的竞争力处于低端。所以中国的老百姓买东西更多是在挑选价格，而不是选择品质。”

这样尖锐的批评让人很难反驳，因为现实似乎的确如此。

我曾经在一家能源环保公司做技术翻译，我们的企业在探寻结构改革和资源配置升级上投入很大的精力和热情，与国外知名企业联手，引进新技术新硬件，聘请资深行业专家来华深入现场。但是，在项目具体实施过程中面临资金、思维模式等重重现实壁垒，最终雷声大雨点小，不了了之。

商品档次低、可靠性不强、质量不稳定、抽查合格率低等问题，致使中国商品市场竞争力不强。

蓝海还比较远，路需要一步一步走。

以书中列举的太阳马戏团为例，这家来自加拿大的世界知名表演团体集合了马戏和戏剧的最佳元素，创造了一种与传统马戏和戏剧迥然相异的、崭新的娱乐形式。同时还去除了马戏中成本最昂贵的动物表演，使成本显著降低，将“差异化”和“低成本”一箭双雕。

尽管作为一名普通的翻译，我对市场营销行业知识纯属门外汉，在这里大谈企业商品如何畅销之类专家才有权发表言论的行为有越俎代庖之嫌。但是，读完这本书，我的感觉是和很多空谈理论的经管类书籍不同，此书不仅告诉我们什么是商品“畅销公式”，更告诉企业人如何选择和实施自己的手段和方法，具备很强的操作性。

正如本书所提“商品也有人生”，与人的个性千差万别一样，品牌也有诚实、刺激、能力、品位、质朴等人性特色。这是一本讲述市场营销的通俗读本，却包罗万象，将处世哲学、人生和情感融入其中。用心做事，事竟者成。不要自暴自弃地说累吐血也赶不上别人丝毫半分。这个世界没有过不去的坎儿，只有过不去的自己！

人必须学会适应各种环境，逢曲就曲遇直便直。不能变通的人，如果抱有一颗积极向上的心，请你学着重新审视自己。

学习—思考—实践—行动。如果一个人只想不做，则什么都不会改变。只有行动，才能引导我们走向成功！

通过阅读这本书，祝愿更多企业在追逐流行的同时，找到适合自己的畅销公式。

本书翻译期间经过反复考证和修订，并得到责任编辑吴婕的大力协助，在此表示衷心的感谢。本书翻译在保持原著风格的基础上，力求用词准确。但是，由于译者水平所限，不足与错误之处势难避免，敬希读者惠予批评指正。

译者刘波

2015 年 7 月 26 日

“服务的细节”系列

《卖得好的陈列》：日本“卖场设计第一人”永岛幸夫

定价：26.00 元

《为何顾客会在店里生气》：家电卖场销售人员必读

定价：26.00 元

《完全餐饮店》：一本旨在长期适用的餐饮店经营实务书

定价：32.00 元

《完全商品陈列 115 例》：畅销的陈列就是将消费心理可视化

定价：30.00 元

《让顾客爱上店铺 1——东急手创馆》：零售业的非一般热销秘诀

定价：29.00 元

《如何让顾客的不满产生利润》：重印 25 次之多的服务学经典著作

定价：29.00 元

《新川服务圣经——餐饮店员工必学的 52 条待客之道》：日本“服务之神”新川义弘亲授服务论

定价：23.00 元

《让顾客爱上店铺 2——三宅一生》：日本最著名奢侈品品牌、时尚设计与商业活动完美平衡的典范

定价：28.00 元

《摸过顾客的脚才能卖对鞋》：你所不知道的服务技巧，鞋子卖场销售的第一本书

定价：22.00 元

《繁荣店的问卷调查术》：成就服务业旺铺的问卷调查术

定价：26.00 元

《菜鸟餐饮店 30 天繁荣记》：帮助无数经营不善的店铺起死回生的日本餐饮第一顾问

定价：28.00 元

《最勾引顾客的招牌》：成功的招牌是最好的营销，好招牌分分钟替你召顾客！

定价：36.00 元

《会切西红柿，就能做餐饮》：没有比餐饮更好做的卖卖！ 饭店经营的“用户体验学”。

定价：24.00 元

《制造型零售业——7-ELEVEn 的服务升级》：看日本人如何将美国人经营破产的便利店打造为全球连锁便利店 NO. 1！

定价：38.00 元

《店铺防盗》：7 大步骤消灭外盗，11 种方法杜绝内盗，最强大店铺防盗书！

定价：28.00 元

《中小企业自媒体集客术》：教你玩转拉动型销售的 7 大自媒体集客工具，让顾客主动找上门！

定价：36.00 元

《敢挑选顾客的店铺才能赚钱》：日本店铺招牌设计第一人亲授打造各行业旺铺的真实成功案例

定价：32.00 元

《餐饮店投诉应对术》：日本 23 家顶级餐饮集团投诉应对标准手册，迄今为止最全面最权威最专业的餐饮业投诉应对书。

定价：28.00 元

《大数据时代的社区小店》：大数据的小店实践先驱者、海尔电器的日本教练传授小店经营的数据之道

定价：28.00 元

《线下体验店》：日本“体验式销售法”第一人教你如何赋予 O2O 最完美的着地！

定价：32.00 元

《医患纠纷解决术》：日本医疗服务第一指导书，医院管理层、医疗一线人员必读书！医护专业入职必备！

定价：38.00 元

《迪士尼店长心法》：让迪士尼主题乐园里的餐饮店、零售店、酒店的服务成为公认第一的，不是硬件设施，而是店长的思维方式。

定价：28.00 元

《女装经营圣经》：上市一周就登上日本亚马逊畅销榜的女装成功经营学，中文版本终于面世！

定价：36.00 元

《医师接诊艺术》：2 秒速读患者表情，快速建立新赖关系！日本国宝级医生日野原重明先生重磅推荐！

定价：36.00 元

《超人气餐饮店促销大全》：图解型最完全实战型促销书，200 个历经检验的餐饮店促销成功案例，全方位深挖能让顾客进店的每一个突破点！

定价：46.80 元

《服务的初心》：服务的对象十人百样，服务的方式千变万化，唯有，初心不改！

定价：39.80 元

《最强导购成交术》：解决导购员最头疼的55个问题，快速提升成交率！

定价：36.00元

《帝国酒店——恰到好处的服务》：日本第一国宾馆的5秒钟魅力神话，据说每一位客人都想再来一次！

定价：33.00元

《服务的细节029：餐饮店长如何带队伍》：解决餐饮店长头疼的问题——员工力！　让团队帮你去赚钱！

定价：36.00元

《服务的细节030：漫画餐饮店经营》：老板、店长、厨师必须直面的25个营业额下降、顾客流失的场景

定价：36.00元

《服务的细节031：店铺服务体验师报告》：揭发你习以为常的待客漏洞　深挖你见怪不怪的服务死角　50个客户极致体验法则

定价：46.80元

《服务的细节032：餐饮店超低风险运营策略》：致餐饮业有志创业者&计划扩大规模的经营者&与低迷经营苦战的管理者的最强支援书

定价：42.00元

《服务的细节033：零售现场力》：全世界销售额第一名的三越伊势丹董事长经营思想之集大成，不仅仅是零售业，对整个服务业来说，现场力都是第一要素。

定价：38.00元

更多本系列精品图书，敬请期待！

图书在版编目（CIP）数据

别人家的店为什么卖得好／（日）理央周 著；刘波 译．—北京：东方出版社，2015.10
（服务的细节；34）
ISBN 978-7-5060-8669-1

Ⅰ.①别… Ⅱ.①理… ②刘… Ⅲ.①销售—方法 Ⅳ.①F713.3

中国版本图书馆CIP数据核字（2015）第250647号

"Nazeka Ureru" no Koushiki
by Meguru Rioh
Copyright © 2014 Meburu Rioh
Simplified Chinese translation copyright © 2015 Oriental Press,
All rights reserved
Original Japanese language edition published by Nikkei Publishing Inc.
Simplified Chinese translation rights arranged with Nikkei Publishing Inc.
through Beijing Hanhe Cultre Communication Co., Ltd.

本书中文简体字版权由北京汉和文化传播有限公司代理
中文简体字版专有权属东方出版社
著作权合同登记号　图字：01-2015-2166号

服务的细节034：别人家的店为什么卖得好
（FUWU DE XIJIE 034：BIERENJIA DE DIAN WEISHENME MAIDEHAO）

作　　者：［日］理央周
译　　者：刘　波
责任编辑：崔雁行　高琛倩　王思怡
出　　版：东方出版社
发　　行：人民东方出版传媒有限公司
地　　址：北京市西城区北三环中路6号
邮　　编：100120
印　　刷：北京文昌阁彩色印刷有限责任公司
版　　次：2015年11月第1版
印　　次：2021年2月第4次印刷
开　　本：880毫米×1230毫米　1/32
印　　张：8.75
字　　数：179千字
书　　号：ISBN 978-7-5060-8669-1
定　　价：38.00元
发行电话：（010）85924663　85924644　85924641

版权所有，违者必究
如有印装质量问题，我社负责调换，请拨打电话：（010）85924602　85924603